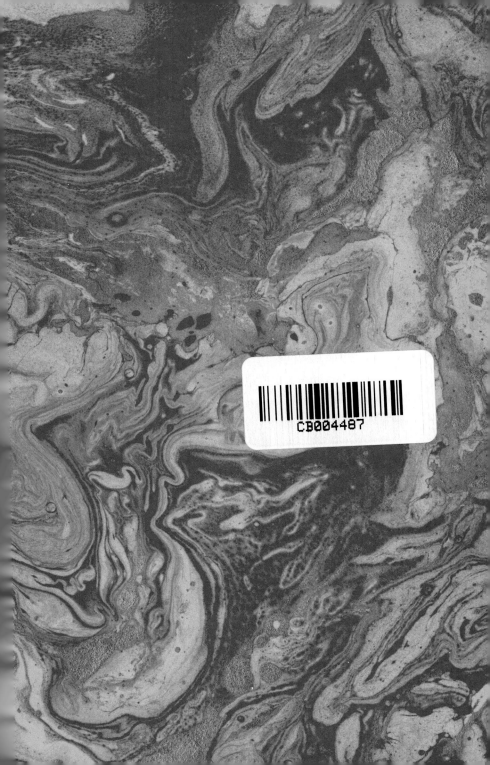

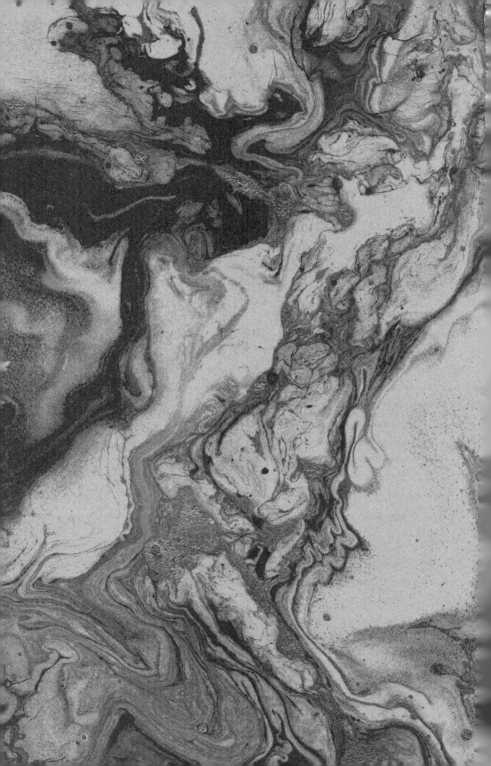

A ESPERANÇA
· DO ·
EVANGELHO

GEORGE MACDONALD

A ESPERANÇA · DO · EVANGELHO

Tradução
PAULO SARTOR

THOMAS NELSON
BRASIL

Título original: *The hope of the gospel*
Copyright da tradução © Vida Melhor Editora S. A., 2021. Todos os direitos reservados.

Os pontos de vista desta obra são de responsabilidade de seus autores e colaboradores diretos, não refletindo necessariamente a posição da Thomas Nelson Brasil, da HarperCollins Christian Publishing ou de sua equipe editorial.

As citações bíblicas são da Nova Versão Internacional (NVI), da Biblica, Inc., a menos que seja especificada outra versão da Bíblia Sagrada.

Publisher	*Samuel Coto*
Editores	*André Lodos Tangerino e Guilherme Lorenzetti*
Preparação	*Giu Castorino*
Revisão	*Edson Nakashima e Bruna Gomes Ribeiro*
Diagramação	*Luciana Di Iorio*
Capa e aberturas	*Anderson Junqueira*

Dados Internacionais de Catalogação na Publicação (CIP)

M112e MacDonald, George, 1824-1905
A esperança do evangelho / George MacDonald; tradução de Paulo Sartor. - 1.ed. - Rio de Janeiro: Thomas Nelson Brasil, 2021.
192 p.; 13,5 x 20,8 cm.

Título original : The hope of the gospel.
ISBN: 978-65-56892-44-3

1. Bíblia - Ensinamentos. 2. Bíblia - Novo testamento. 3. Cristianismo. 4. Evangelho - Estudo e ensino. 5. Moral cristã. 6. Vida cristã. I. Sartor, Paulo. II. Título.

06-2021/54   CDD 234.3

Índice para catálogo sistemático:

1. Evangelho : Cristianismo   234.3

Bibliotecária responsável: Aline Graziele Benitez CRB-1/3129

Thomas Nelson Brasil é uma marca licenciada à Vida Melhor Editora LTDA.

Todos os direitos reservados à Vida Melhor Editora LTDA.
Rua da Quitanda, 86, sala 218 — Centro
Rio de Janeiro — RJ — CEP 20091-005
Tel.: (21) 3175-1030
www.thomasnelson.com.br

SOBRE O AUTOR

Considerado o "avô da fantasia moderna", George MacDonald (1824—1905) é bem conhecido por escrever histórias de ficção e contos de fadas que inspiraram autores notáveis como J.R.R. Tolkien, W.H. Auden, Madeleine L. Engle, G.K. Chesterton, Elizabeth Yates, Mark Twain, Lewis Carroll e C.S. Lewis. No entanto, sua vasta produção literária de mais de 50 volumes não se restringe apenas à essa categoria. MacDonald foi ministro protestante na Escócia, romancista, poeta e um dos pensadores cristãos mais inspiradores do século 19 e deixou um legado de escritos teológicos em forma de ensaios, sermões e orações. C.S. Lewis certa vez afirmou que as obras de MacDonald "batizaram sua imaginação"; Lewis também considerava o autor como sua maior inspiração: "Nunca escondi o fato de que o considerava meu mestre e imagino nunca ter escrito um livro em que não fizesse nenhuma citação dele".

SUMÁRIO

Introdução de G. K. Chesterton	9
Um — A salvação do pecado	15
Dois — O perdão dos pecados	31
Três — Jesus no mundo	45
Quatro — Jesus e seus compatriotas	61
Cinco — Os herdeiros do céu e da terra	73
Seis — Tristeza: a promessa de alegria	87
Sete — A família de Deus	101
Oito — A recompensa da obediência	117
Nove — O jugo de Jesus	127
Dez — O sal e a luz do mundo	141
Onze — A mão direita e a esquerda	153
Doze — A esperança do universo	165

INTRODUÇÃO DE G. K. CHESTERTON

Certas revistas têm seções nas quais se pede às pessoas para nomear os "Livros que me influenciaram". Via de regra, não é um processo muito realista, pois nossas mentes são uma biblioteca não catalogada; e, para alguém ser fotografado com um dos seus livros na mão geralmente significa que ele os escolheu aleatoriamente, ou que está posando para impressionar. Mas, em sentido especial, posso testemunhar de um livro que fez diferença em minha existência, que me ajudou a ver as coisas de uma certa maneira desde o início; uma visão que mesmo uma revolução tão real, como uma conversão religiosa, substancialmente apenas coroou e confirmou. De todas as histórias que li, incluindo os romances do mesmo escritor, continua sendo a que mais se parece com a vida. Chama-se *The princess and the goblin* [A princesa e o goblin], de George MacDonald, personagem deste livro[1].

Quando digo que é como a vida, quero dizer que ela descreve uma pequena princesa que vive em um castelo nas montanhas o qual é atacado por demônios subterrâneos. A princesa vive subindo as escadas para o seu quarto ou para as outras salas; mas, volta e meia, as escadas não levam aos destinos habituais, mas a uma

---

[1] Essa introdução foi publicada no livro *George MacDonald and his wife*, uma biografia de George MacDonald escrita por seu filho, Greville M. MacDonald, para celebrar o centenário de nascimento de seu pai. (N. do E.)

nova sala que ela nunca vira antes e que não consegue encontrar novamente. Lá, uma bondosa senhora, uma espécie de fada madrinha, está sempre fiando e falando palavras de encorajamento. Quando criança, ao ler esse livro, senti que tudo estava acontecendo em uma casa não diferente da que eu morava. Porém, é nisso que esse conto de fadas difere de muitos outros; acima de tudo, é nisso que essa filosofia difere de muitas outras. Sempre senti certa insuficiência quanto ao ideal da jornada cristã, mesmo do melhor tipo, como a descrita no livro *O peregrino*[2]. Dificilmente se indica quão próximas as melhores e as piores coisas estão de nós desde o início; talvez especialmente no início. E embora eu valorize o conto de fadas, a própria sugestão de viajar a um longínquo país das fadas, que é a alma desse gênero literário, o impede de alcançar esse propósito específico de transformar todas as escadas, portas e janelas comuns em coisas mágicas.

Greville MacDonald, nesta biografia, mencionou sua percepção do estranho simbolismo das escadas. Outra imagem recorrente nos romances de seu pai era a de um cavalo branco; até hoje não consigo ver um cavalo branco sem uma sensação de coisas indescritíveis. Mas aqui, estou falando do que pode ser chamado de presença de deuses (e goblins) domésticos. E a imagem da vida nesta parábola não é apenas mais verdadeira do que a imagem de uma jornada como a de *O Peregrino*, é ainda mais verdadeira do que a mera imagem de um cerco como a de *The holy war*[3]. Há algo não apenas imaginativo, mas profundamente verdadeiro sobre a ideia dos goblins estarem embaixo da casa. Quando as coisas más que nos cercam aparecem, elas não aparecem do lado de fora, mas de dentro. De qualquer forma, aquela imagem simples de uma casa que é o nosso lar, que de modo justo é amada por ser o nosso lar, mas da qual mal conhecemos tudo

---

[2] Livro de John Bunyan (1628 - 1688). É uma alegoria da jornada de vida do cristão até o céu. (N. do T.)

[3] *A Guerra Santa,* livro de John Bunyan (1628 - 1688), fala das dificuldades da vida do cristão. (N. do T.)

INTRODUÇÃO DE G. K. CHESTERTON

de bom ou de ruim, sempre permaneceu em minha mente; e foi corroborado quando vim a dar um nome mais definido à senhora que nos vigiava da torre, e talvez para ter uma visão mais prática dos goblins sob o chão. Todas as outras histórias de George MacDonald parecem ser ilustrações e até disfarces dessa história. Chamo de "disfarce", pois essa é a diferença entre seu tipo de mistério e da mera alegoria. A alegoria pega o que considera trivial para homens e mulheres comuns e tenta fazê-lo agradável ou pitoresco, como princesas, goblins ou fadas. Mas George MacDonald realmente acreditava que as pessoas eram princesas, goblins e fadas, e as vestiu como homens e mulheres comuns. O conto de fadas era o interior da história comum e não o exterior. Um resultado disso é que todos os objetos inanimados da história retêm aquele charme difícil de nomear que eles possuem em um conto de fadas literal. A escada em *Robert Falconer*[4] é tão mágica quanto a escada em *A Princesa e o Goblin*, por exemplo. Os romances são desiguais, mas, como contos de fada, são extraordinariamente consistentes. Ele nunca perde seu próprio fio interno que atravessa a colcha de retalhos.

A originalidade de MacDonald também tem um significado histórico, que talvez possa ser mais bem entendido comparando-o com seu compatriota Carlyle[5]. É uma medida do poder e da popularidade do puritanismo[6] na Escócia que Carlyle nunca tenha abandonado o senso de humor puritano, mesmo quando abandonou toda a teologia puritana. Se uma fuga da influência do ambiente social for o teste da originalidade, Carlyle nunca

---

[4] Livro de George MacDonald sobre um homem que sai em busca de seu pai biológico e de seu Pai celestial. (N. do T.)

[5] Thomas Carlyle (1795 - 1881) foi um escritor escocês. Em certa época, ele abandonou a fé cristã (de confissão calvinista), a qual, mais tarde, voltou a professar, porém com contornos deístas. (N. do T.)

[6] Movimento reformador britânico dos séculos 16 e 17 que procurava "purificar" a Igreja Anglicana dos resquícios do catolicismo romano. (N. do T.)

A ESPERANÇA DO EVANGELHO

escapou completamente; George MacDonald sim. Ele desenvolveu, a partir de suas próprias meditações místicas, uma teologia alternativa que conduz a uma disposição completamente antagônica. E nessas meditações místicas, ele aprendeu segredos muito além da mera extensão da indignação puritana à ética e à política. Pois no verdadeiro gênio de Carlyle havia um toque de intimidação, e onde quer que haja um elemento de intimidação, há também falta de originalidade. Carlyle nunca poderia ter dito algo tão sutil como MacDonald: que Deus é fácil de agradar e difícil de satisfazer. Carlyle estava obviamente muito ocupado em insistir que Deus era difícil de satisfazer; assim como alguns otimistas estão muito ocupados em insistir que ele é fácil de agradar. Em outras palavras, MacDonald fez para si uma espécie de ambiente espiritual que era bastante excepcional em seu ambiente nacional e denominacional. E quando vier a ser estudado mais cuidadosamente, descobriremos que ele representa um divisor de águas na história da cristandade, como representante da singular nação cristã dos escoceses.

A cor espiritual da Escócia é um roxo que em algumas luzes pode parecer cinza. A característica nacional é intensa e perigosamente romântica e apaixonada. Sua torrente emocional frequentemente se volta para a vingança, ou luxúria, ou crueldade, ou bruxaria. Não há embriaguez como a de um uísque escocês; há nela o grito antigo e a estridência selvagem das Mênades[7] nas montanhas. E é claro que é igualmente verdade no lado bom, como na grande literatura da nação. Stopford Brooke[8] e outros críticos apontaram que um sentido vívido de cor aparece nos poetas escoceses medievais antes de aparecer em qualquer poeta inglês. E é absurdo falar da sobriedade dura e perspicaz de um tipo nacional que fez em si mais conhecido em todo o mundo

[7] Ninfas adoradoras de Dionísio na mitologia grega; conhecidas pelo temperamento descontrolado. (N. do T.)

[8] Stopford Brooke (1832 - 1916) foi um capelão e escritor irlandês. (N. do T.)

INTRODUÇÃO DE G. K. CHESTERTON

moderno pelo literalismo prosaico de *A Ilha do Tesouro*[9] e o realismo monótono de *Peter Pan*[10]. No entanto, por um estranho acidente histórico, esse povo vivo e colorido foi forçado a "vestir-se de preto" em uma espécie de funeral interminável.

Os apaixonados e poéticos escoceses – como os apaixonados e poéticos italianos – tiveram obviamente de ter uma religião à altura da beleza e da vivacidade das paixões, uma religião que não deixasse o diabo ter todas as cores vivas, e que combatesse glória com glória, e fogo com fogo. Deveriam ter equilibrado Leonardo com São Francisco; nenhuma pessoa jovem e animada realmente pensa que pode ser equilibrada com John Knox[11]. A consequência foi que esse poder nas letras escocesas, especialmente no dia (ou noite) da ortodoxia completa calvinista, foi enfraquecido e desperdiçado de várias maneiras. Em Burns[12], foi expulso de seu curso natural como uma loucura; em Scott[13], era tolerado apenas como uma memória.

Entre os muitos gênios que a Escócia produziu no século 19, havia apenas um tão original que remontava a essa origem e que representou o que a religião escocesa deveria ter sido. Em sua forma particular de obra literária, George MacDonald de fato percebeu o aparente paradoxo de um Francisco de Aberdeen[14], vendo o mesmo tipo de aura em torno de cada flor e pássaro. Não é a mesma coisa que a contemplação de qualquer poeta pela beleza da flor ou do pássaro. Um pagão pode sentir isso e permanecer pagão, ou seja, permanecer triste. É um certo sentido

[9] Clássico da literatura infanto-juvenil escrito pelo escocês Robert Louis Steveson. (1850 - 1894). (N. do T.)

[10] Personagem criado pelo escocês J. M. Barrie (1860 - 1937). (N. do T.)

[11] John Knox (1514 - 1572) teólogo, escritor e líder da Reforma Protestante na Escócia (N. do T.)

[12] Robert Burns (1759 - 1796) foi um poeta escocês. (N. do T.)

[13] Sir Walter Scott (1771 - 1832) foi um romancista escocês (N. do T.)

[14] Padre Francisco de Aberdeen (1559) foi um mártir católico escocês. (N. do T.)

especial de significado, que a tradição que mais a valoriza chama de "sacramental". Ter voltado ou avançado para isso, em um salto de meninice, fora do sábado negro de uma cidade calvinista, foi um milagre da imaginação.

Ao notar que ele pode muito bem ter esse lugar na história no sentido de história religiosa e nacional, não tento precisar seu lugar na literatura. Em todo caso, ele é do tipo que é mais difícil de precisar. MacDonald não escreveu nada vazio; antes, escreveu obras completas até demais, e cuja contemplação depende mais de uma simpatia com a substância do que da primeira vista da forma. Na verdade, os místicos nem sempre foram pessoas das letras no sentido acabado e quase profissional. Uma pessoa reflexiva encontrará mais em que pensar em Vaughan[15] ou Crashaw[16] do que em Milton[17], mas também encontrará mais para criticar; e ninguém precisa negar que, no sentido comum, um leitor casual pode desejar que houvesse menos de Blake[18] e mais de Keats[19]. Mas mesmo essa permissão não deve ser exagerada; e é exatamente no mesmo sentido em que temos pena de alguém que não conseguiu compreender a totalidade de Keats ou Milton, que podemos sentir compaixão pelo crítico que não caminhou na floresta de *Phantastes*[20] ou não conheceu o Sr. Cupples nas aventuras de *Alec Forbes*.

---

[15] Henry Vaughan (1621 - 1695) foi um poeta metafísico galês. (N. do T.)

[16] Richard Crashaw (c. 1613 - 1649) foi um poeta e clérigo anglicano convertido ao catolicismo romano; é considerado um dos maiores poetas metafísicos ingleses do século 17. (N. do T.)

[17] John Milton (1608 - 1674) foi um poeta e intelectual inglês. Escreveu em um momento de instabilidade religiosa e política, e é mais conhecido por seu poema épico *Paraíso perdido* (1667). (N. do T.)

[18] William Blake (1757 - 1827) foi um poeta e pintor inglês. É considerado um dos maiores nomes do romantismo (N. do T.)

[19] John Keats (1795 - 1821) foi o último dos poetas românticos ingleses (N. do T.)

[20] Livro de George MacDonald (Rio de Janeiro: Thomas Nelson Brasil, 2021). (N. do T.)

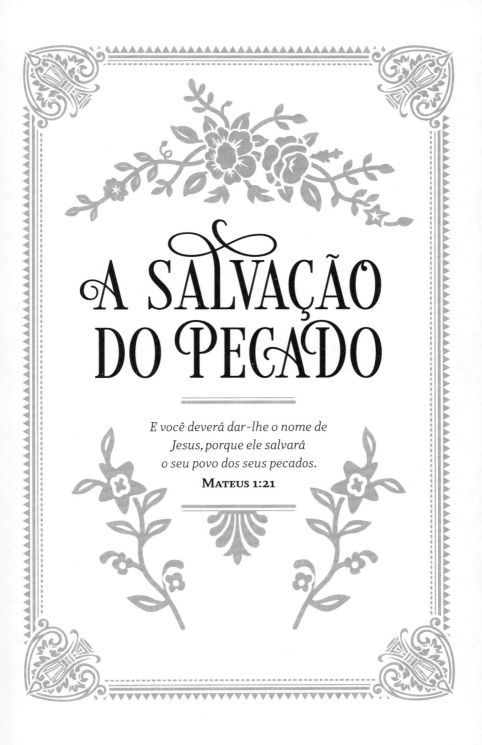

A SALVAÇÃO DO PECADO

E você deverá dar-lhe o nome de Jesus, porque ele salvará o seu povo dos seus pecados.

MATEUS 1:21

Eu gostaria de ajudar alguns a entenderem o que Jesus, da casa de nosso Pai, veio a ser e a fazer por nós. Todas as coisas no mundo, no princípio, são mais ou menos mal compreendidas: precisamos entender o que são e, por fim, ver que deveriam ser de determinado jeito, não poderiam ser de outra forma. Então as compreendemos; e nós nunca entendemos *realmente* algo até que a compreendamos assim. Suponho um ser humano que, disposto a falar com honestidade, não confesse ter algo que o atormente, algo do qual se livraria de bom grado, algo que lhe torna impossível considerar, no momento, a vida como totalmente boa. A maioria das pessoas, presumo, imagina que, se pudesse se livrar de tais coisas contraditórias, a vida se tornaria uma satisfação pura, digna de ser prolongada indefinidamente.

As causas de sua aflição são de todos os tipos, seus graus variam de uma simples preocupação até uma desgraça, tornando a aniquilação a maior esperança do sofredor, que pode se convencer de sua eventualidade.

Talvez a maior parte da energia da vida, neste mundo, seja usada no esforço de se livrar da aflição. Para fugir dela, alguns deixam para trás seu lugar de origem e, com bastante esforço contínuo, sobem na escala social para então descobrir, a cada nova ascensão, novos problemas à espera, quando, na verdade, foram eles próprios que os buscaram. Outros, apressando-se em enriquecer, demoram a descobrir que, embora seus bolsos estejam enchendo, a pobreza de suas almas ainda os manterá infelizes. Alguns procuram uma mudança infindável, sem compreender que é dentro deles que deverá acontecer a transformação que os libertará. Outros expandem seus intelectos com o conhecimento, apenas para descobrir que a felicidade não habitará a grande morada que construíram. Contar as variedades do esforço humano para escapar da aflição seria enumerar todos os modos de vida

A SALVAÇÃO DO PECADO

que não sabem viver. Todos buscam aquilo cuja deficiência parece ser a *causa* de sua desgraça, e é senão a sua *circunstância* variável, a forma que a causa assume, não a desgraça em si; pois, quando uma causa é aparentemente removida, outra a sucede de imediato. A verdadeira causa de seu problema é algo que o ser humano talvez não tenha reconhecido como existente; de qualquer modo, ele ainda não está familiarizado com sua verdadeira natureza.

Por mais absurda que a declaração possa parecer para alguém que ainda não descobriu o fato por si mesmo, a causa da aflição de cada um reside no mal, no mal moral — primeiramente, o mal dentro dele, seu próprio pecado, sua própria iniquidade, sua própria injustiça; e, então, o mal naqueles que ele ama: com esse último eu não tenho de lidar agora; a única maneira de se livrar dele é a pessoa se livrar de seu próprio pecado. Não se pode reconhecer nenhum pecado específico como causa desta ou daquela aflição física — que pode, de fato, ter se originado com algum antepassado; mas o mal em nós mesmos consiste na causa de sua continuidade, na fonte de sua necessidade e naquilo que previne você da paciência que lhe tiraria ou, pelo menos, embotaria seu ferrão.

O mal, *em essência*, é desnecessário e desaparece quando se atinge o objetivo pelo qual foi permitido — a saber, o desenvolvimento da vontade pura no ser humano; o sofrimento também é, em essência, desnecessário, mas enquanto o mal perdura, o sofrimento, consequente ou concomitante, torna-se extremamente necessário.

Tola é a pessoa, e há muitas delas, que livraria a si ou a seus companheiros da aflição, em busca de um mundo mais justo, travando guerra contra os males ao seu redor, enquanto negligenciam a parte integrante do mundo onde seu problema reside — seu primeiro problema —, a saber, seu próprio caráter e conduta.

Em uma suposição absurda, se fosse possível o mundo ser criado justo no exterior, ainda assim seria impossível para o

A ESPERANÇA DO EVÁNGELHO

ser humano, mesmo tendo contribuído na criação, caso se mantivesse interiormente como sempre foi, desfrutar alguma vez da perfeição do resultado; sem estar afinado com o organismo que afinou, ele próprio deve, ainda, imaginá-lo como um organismo discordante e dissonante.

O filantropo que vê o mal como característico da espécie humana, esquecendo-se de que esta é composta por indivíduos conscientes e errados, também se esquece de que o mal é sempre causado por alguém; que o erro existe no indivíduo e, por ele, é passado, como inclinação, para a espécie; e que nenhum mal nela pode ser curado sem que haja cura de seus indivíduos: a inclinação não é o mal absoluto; é ali que se pode resistir, não cedendo a ele. Não há maneira de três pessoas serem feitas retas, a não ser fazendo cada uma das três retas; mas a cura em alguém que se arrepende e se transforma é o começo da cura de toda a espécie humana.

Mesmo que o sofrimento de alguém seja um legado abrangente para a cura do qual, pela fé e obediência, esta vida não seria suficientemente longa, a fé e a obediência ainda o tornam suportável para o ser humano, e transbordam em ajuda a seus companheiros de sofrimento. O corpo que geme, envolto na vestimenta da esperança, procurará, com o pescoço estendido, sua redenção e resistir.

A única cura para qualquer organismo é a restauração — ter todas as suas partes em harmonia umas com as outras; a única coisa que conforta é saber que essa cura está em andamento. Somente a restauração é a cura. O retorno do organismo à sua verdadeira identidade consiste no único alívio possível. Para libertar alguém do sofrimento, esse alguém deve ser restabelecido, sua saúde restaurada; e a saúde na essência do ser humano, sua retidão, reside em estar livre da iniquidade, isto é, do pecado. Uma pessoa é considerada reta quando não há nenhum erro nela. Se o erro,

A SALVAÇÃO DO PECADO

o mal, se faz presente, ela deve ser libertada disso. Não quero dizer libertada dos pecados que cometeu: isso se seguirá; refiro-me aos pecados que ela está cometendo ou ainda é capaz de cometer; os pecados que estragam sua natureza — o que há de errado nessa pessoa —, o mal com o qual ela consente; o pecado que ela é, o que a leva a cometer o pecado que comete.

Salvar alguém de seus pecados é dizer a ele, em um sentido perfeito e eterno: "Levante-se e ande. Esteja em liberdade na essência de seu ser. Seja livre como o Filho de Deus é livre". Para fazer isso por nós, Jesus veio a existir neste mundo e continua a existir por toda a eternidade.

Quando a desgraça faz alguém invocar a fonte de sua vida — e eu considero o clamor crescente contra a existência um sinal do crescimento da espécie humana em direção a um senso de necessidade de regeneração —, a resposta, eu imagino, virá no despertar de sua consciência. Este penhor da libertação prometida não é, provavelmente, o que o ser humano deseja; ele desejará apenas se livrar de seu sofrimento, o que somente acontecerá se ele for liberto em sua essência, algo que, do contrário, é infinitamente pior do que qualquer sofrimento é capaz de produzir. Sem essa libertação, o ser humano deve manter seu sofrimento. Por meio do castigo, finalmente tomará o único caminho que conduz à liberdade do que é e do que deve ser. Não há libertação sem sair de seu sonho maligno para a glória de Deus.

É verdade que, ao nos libertar de nossos pecados, Jesus veio para também nos livrar das dolorosas consequências deles. Porém, essas consequências existem pela única lei do universo, a verdadeira vontade daquele que é Perfeito. Essa desorganização violada, desobedecida pela criatura, torna o sofrimento inevitável; é a consequência natural do não natural — e, na perfeição da criação de Deus, o resultado é curativo da causa; a dor tende, ao menos, à cura da brecha.

O Senhor não veio para libertar as pessoas das consequências de seus pecados enquanto esses pecados permanecerem: isso seria lançar pela janela o remédio da cura durante a doença do indivíduo; morrer para as próprias leis da existência. No entanto, os seres humanos, amando seus pecados e nada sentindo a respeito de seu terrível ódio, têm interpretado sempre, em constância com sua condição inferior, que o Senhor veio para salvá-los do castigo de seus pecados. A ideia — antes, a triste fantasia — corrompeu terrivelmente a pregação do evangelho. A mensagem das boas-novas não foi transmitida de verdade.

Incapaz de acreditar no perdão de seu Pai no céu, imaginando-o sem liberdade para ou incapaz de perdoar diretamente; sem acreditar de fato nele como Deus nosso Salvador, mas o entendendo como um Deus limitado (seja por sua própria natureza ou por uma lei superior e coerciva a ele, já que exige alguma recompensa ou satisfação pelo pecado), uma multidão de professores ensinou seus companheiros que Jesus veio a fim de suportar nossa punição e nos salvar do inferno. Eles representaram o resultado como o objetivo da missão de Cristo — o referido resultado não deve ser desejado de modo algum pela pessoa verdadeira, a não ser como consequência da obtenção de seu objetivo.

A missão de Jesus provinha da mesma origem e tinha o mesmo objetivo que o castigo de nossos pecados. Ele veio operar em paralelo à nossa punição. Veio ficar ao lado dela e nos libertar de nossos pecados. Ninguém está a salvo do inferno até livrar-se de seus pecados; mas para alguém a quem seus pecados, isto é, as coisas más nele, constituem um fardo, embora essa pessoa possa sentir como se de fato estivesse no inferno, ela logo se esqueceria de que teve qualquer outro inferno em que se concentrar além de sua condição pecaminosa. Para esse indivíduo, seus pecados são o inferno; a fim de se ver livre deles, iria para o outro inferno; e, liberto de seus pecados, o próprio inferno tornar-se-ia

A SALVAÇÃO DO PECADO

suportável. Porque o inferno é de Deus, e não do diabo. O inferno está do lado de Deus e do ser humano para libertar o filho de Deus da corrupção da morte. Nenhuma alma será jamais redimida do inferno a não ser que seja salva de seus pecados, do mal que há nela. Se o inferno for necessário para salvar o homem, este arderá e o verme se contorcerá e morderá, até que ele se refugie na vontade do Pai. "A salvação do inferno é a salvação concebida por aqueles para quem o inferno, e não o mal, é o horror." Todavia, se uma pobre alma buscar o Pai, mesmo que por temor ao inferno, ela será ouvida em seu horror e ensinada a buscar o dom incomensuravelmente maior; ela receberá no maior o menor.

Há outro equívoco importante nas palavras dos mensageiros das boas-novas: eles nos ameaçam com punição por causa dos pecados que cometemos, ao passo que sua mensagem é de perdão, não de vingança; de libertação, não do mal que está por vir. Não será qualquer pecado cometido que ameaçará alguém com as trevas exteriores. O indivíduo não será condenado por algum ou todos os seus pecados passados; tampouco deve temer o perdão por conta do pior deles. O pecado no qual ele vive, o pecado do qual nunca sairá, é a única ruína dele. Seu presente, seus pecados vivos — aqueles que permeiam seus pensamentos e governam sua conduta; os pecados que ele continua cometendo e dos quais não desistirá; os pecados ao qual é chamado a abandonar, mas se apega; os mesmos pecados que são a causa de sua desgraça, embora ele não saiba — esses são os pecados pelos quais ele já está condenado. É verdade que a memória dos erros que cometemos é, ou se tornará, muito amarga; mas não é por esses erros que haverá condenação; se for abolido, em nosso caráter, aquilo que os tornou possíveis, o remorso perderia sua pior amargura na esperança de restaurações futuras. "Este é o julgamento: a luz veio ao mundo, mas os homens amaram as trevas, e não a luz, porque as suas obras eram más" (João 3:19)

A ESPERANÇA DO EVANGELHO

É da maldade interior, pronta para produzir más ações, que precisamos ser libertos. Se uma pessoa não lutar contra essa maldade, sua única escolha será cometer o mal e colher as consequências. Ser salvo dessas consequências não lhe seria um livramento; seria uma condenação imediata e cada vez mais profunda. Em decorrência do mal em nosso ser — nenhuma parte essencial do ser, graças a Deus! — não nos preocupamos com o nosso Pai, nem lhe obedecemos, o que nos leva a desejar e agir de modo errado; ou, mesmo se procurarmos não agir errado, tornando impossível não nos sentirmos errados: é para nos livrar disso que Jesus veio; não para nos livrar das coisas que fizemos, mas da possibilidade de continuarmos cometendo tais coisas. Com o afastamento dessa possibilidade, e com a esperança de confissão, daqui por diante, àqueles com os quais erramos, também desaparecerá o poder sobre nós das coisas más que fizemos, e assim seremos salvos também delas. O mal que vive em nós, nossos julgamentos malignos, nossos desejos injustos, nosso ódio e orgulho e inveja e ganância e autossatisfação — essas são as almas de nossos pecados, nossos pecados vivos, mais terríveis do que o corpo de nossos pecados, isto é, do que as ações que cometemos, visto que elas não apenas produzem esses sentimentos repugnantes, como nos tornam igualmente repugnantes. Nossas ações erradas são nossas obras mortas; nossos pensamentos maus são nossos pecados vivos. Esses, os opostos essenciais de fé e amor, os pecados que habitam e operam em nós, são os pecados dos quais Jesus veio para nos libertar. Quando nos voltamos contra eles e nos recusamos a obedecê-los, eles insistem ferozmente, mas começam a morrer no mesmo momento. Estamos então do lado do Senhor, como ele sempre esteve do nosso, e ele começa a nos libertar.

Qualquer coisa em você que, em seu próprio filho, não o levasse a apreciá-lo tanto quanto deveria, constitui algo errado. Isso

A SALVAÇÃO DO PECADO

pode significar muito para um, pouco ou nada para outro. Coisas em um filho que para um dos pais não parecem dignas de atenção, encheriam outro de horror. Depois de seu desenvolvimento moral, enquanto um dos pais sorriria, o outro ficaria horrorizado, percebendo tanto o mal presente quanto o ninho de serpentes a surgir. Porém, como o amor daquele que é amor transcende o nosso, assim como os céus são mais altos do que a terra, ele deseja a seu filho infinitamente mais do que o amor mais ciumento da melhor mãe poderia desejar. O Senhor livrá-lo-ia de todo descontentamento, medo, rancor e amargura contidos em palavras ou pensamentos, avaliando-o e medindo-o de modo diferente com que faria a qualquer outro. O Senhor não terá nenhum desgosto; nenhuma indiferença para com a pessoa cujo serviço ele de alguma maneira usa; nenhum desejo de superar o outro, nenhum contentamento em ganhar com sua perda. O Senhor não deixará que o indivíduo receba a menor assistência sem gratidão; não se ouviria dele um tom capaz de abalar o coração, uma palavra que machucasse, mesmo sendo a dor sempre tão passageira. Destes, como de todos os outros pecados, Jesus nasceu para nos libertar; não, principalmente, ou por si só, da punição de qualquer um deles. Quando tudo tiver terminado, o santo castigo também terá partido. Ele veio para nos tornar bons e, portanto, filhos abençoados.

O pecado-mor está na raiz de todo o resto. Não se trata de uma ação individual, não vem da disposição ou da paixão; consiste no não reconhecimento pelo ser humano e na consequente inatividade dele na mais elevada de todas as relações, aquela que é a raiz e a primeira condição essencial de qualquer outra relação verdadeira da ou na alma humana. Trata-se da ausência de harmonia do ser humano com o ser cujo pensamento é a existência do ser humano, cuja palavra é a potência do pensamento do ser humano. É verdade que Deus, constituindo assim seus filhos, como afirma Paulo (Atos 17:27), não pode estar longe de nenhum

23

A ESPERANÇA DO EVANGELHO

de nós : se não estivéssemos em contato mais próximo com o ato de criar e sermos criados, não poderíamos existir; se não temos nenhum poder em nós para ser, também não temos nenhum poder para continuar sendo; mas há um contato ainda mais próximo, tão necessário ao nosso bem-estar e à nossa existência mais elevada quanto o outro ao nosso ser, bem como tão necessário à nossa capacidade de fazer o bem ou o mal. A criação mais elevada de Deus no ser humano é sua vontade, e até que a vontade mais elevada no ser humano encontre a vontade mais elevada em Deus, sua verdadeira relação ainda não constituirá um fato espiritual. A flor está na raiz, mas a raiz não é a flor. A relação existe, mas, enquanto uma das partes não a conhecer, amar nem agir de acordo com ela, a relação estará, por assim dizer, ainda por nascer. O que há de mais elevado no ser humano não é seu intelecto, sua imaginação, ou sua razão; todos esses são inferiores à sua vontade e, na verdade, em grande medida, dependem dela: sua vontade deve atender à de Deus — uma vontade *distinta* à de Deus, do contrário, não permitiria uma *harmonia* possível entre as duas. A vontade maior é, portanto, toda de Deus, não a menor. Pois Deus cria no ser humano o poder de desejar a sua vontade. Um sofredor nunca será capaz de saber o que custa a Deus conduzir alguém a desejar a vontade dele; mas quando alguém atinge esse ponto e aceita a verdade, isto é, a vontade de Deus, torna-se um só com Deus, e o propósito de Deus na criação do ser humano, o propósito pelo qual Jesus nasceu e morreu, é obtido. O ser humano é salvo de seus pecados e o universo floresce mais uma vez em sua redenção. Todavia, não se deve imaginar, com base no que eu disse, que o Senhor não tem compaixão pelas tristezas e dores que revelam o pecado e por meio das quais faz com que os seres humanos sintam-se enojados pelo pecado. Ele tem compaixão com tudo que é humano. O mal não é humano; é o defeito e o oposto do humano; mas o sofrimento que se segue é humano,

A SALVAÇÃO DO PECADO

pertencente necessariamente ao ser humano que pecou: como consequência do pecado, o sofrimento é *para* o pecador, com a finalidade de que ele seja liberto de seu pecado. O próprio Jesus está ciente de todas as dores humanas. Ele também as sente. Nele também reside a dor. Com a energia do mais terno amor, ele deseja que seus irmãos e irmãs tornem-se livres para que possa enchê-los, até transbordar, de algo essencial: a alegria. Para isso, os seres humanos foram realmente criados. Contudo, no momento em que existem, a verdade torna-se a primeira coisa, não a felicidade; e ele deve torná-los verdadeiros. Se fosse possível, entretanto, a continuidade da dor mesmo depois da extinção do mal, ele não descansaria enquanto a dor ainda residisse no mundo. Perfeito em compaixão, ele sente, em si mesmo, a presença atormentada de cada nervo que carece de repouso. Embora o ser humano possa reconhecer, apenas como dor, o mal nele; embora possa saber pouco e não se importar com seus pecados; ainda assim, o Senhor lamenta sua dor. Ele clama em voz alta: "Venham a mim, todos os que estão cansados e sobrecarregados, e eu lhes darei descanso" (Mateus 11:28). Ele não diz: "Venham a mim, todos os que sentem o peso de seus pecados"; ele abre os braços para todos que estão cansados o suficiente para buscá-lo na mais necessitada esperança de descanso. Ele os libertaria, com todo o prazer, de sua desgraça — mas o Senhor conhece apenas um caminho: ensiná-los a serem como ele, mansos e humildes, suportando com alegria o jugo da vontade de seu Pai. Esta é a única maneira justa e possível de libertá-los de seus pecados, que é a causa de sua inquietação. Com eles, o cansaço é posto em primeiro lugar; com ele, os pecados: há apenas uma cura para ambos — a vontade do Pai. Aquilo que representa a sua alegria será o seu livramento! Talvez ele pudesse, de fato, retirar-lhes a humanidade, enviá-los para algum estágio inferior de existência e, desse modo, libertá-los do sofrimento — mas isso seria uma regressão que resultaria em aniquilação ou seria um recomeço de modo que cresceriam outra vez rumo à região de sofrimento que eles deixaram, pois aquilo que não cresce deve, por fim, extinguir-se da criação. Os desobedientes e os egoístas desejariam, no inferno de seus corações, possuir a liberdade e a alegria que pertencem à pureza e ao amor, mas eles não podem tê-las; eles estão cansados e sobrecarregados tanto pelo que são quanto pelo motivo pelo qual foram criados, mas não são. O Senhor sabe do que eles precisam; eles apenas sabem o que querem. Eles querem facilidade; o Senhor sabe que precisam de pureza. A própria existência deles é um mal, do qual, a não ser para purificá-los, o Criador deve livrar o universo. Como ele pode manter perante seus olhos uma presença nojenta? Deveria o Criador enviar sua virtude para manter viva uma coisa que será má — uma coisa que não deveria ser, que não tem direito exceto o de cessar? O próprio Senhor não viveria, a não ser com uma existência absolutamente boa.

Pode ser que meu leitor espere que eu diga *como* o Senhor o livrará de seus pecados. Essa pergunta é semelhante à do perito da Lei: "E quem é o meu próximo?" (Lucas 10:29). Essa maneira de receber a oferta de libertação do Senhor é a raiz de todos os horrores de uma teologia corrupta, aceitável apenas para aqueles que amam cartilhas religiosas fracas e miseráveis. Essas perguntas surgem da paixão pelo fruto da árvore do conhecimento, não pelo fruto da árvore da vida. Os homens buscam compreender: eles não se importam em *obedecer*; nesse caso, compreender onde é impossível que eles compreendam, exceto obedecendo. Eles buscam a resposta na obra do Senhor em vez de participar dela, o que torna impossível tanto para o Senhor continuar sua obra, quanto para eles se tornarem capazes de ver e compreender o que o Senhor faz. Em vez de obedecer imediatamente ao Senhor da vida, única condição pela qual ele pode ajudá-los, e início de

A SALVAÇÃO DO PECADO

sua libertação, põem-se a utilizar seus intelectos ignorantes para questionar seus planos de libertação, e não apenas como o Senhor pretende realizá-los, mas como será capaz disso. Eles prenderiam seu Sansão até terem verificado seus membros e músculos. Incapazes de compreender, em si mesmos, os primeiros sinais de liberdade, eles procedem interpretando as riquezas da alma divina de acordo com suas próprias noções pobres, parafraseando o glorioso poema do Senhor em mísera prosa comercial; e, depois, na crescente presunção do sucesso imaginado, insistirão para que seus próximos aceitem, como verdade, suas sombras distorcidas do "plano de salvação" pertencente àquele em quem não há trevas. Demoram-se a pôr o pé na escada, a única capaz de levá-los à casa da sabedoria, até serem capazes de determinar o material e o modo como esta foi construída. Em busca da compreensão, adiam o que, por si só, pode capacitá-los a conhecer e substituem a verdadeira compreensão, que está além, por uma falsa persuasão que eles já entendem. Eles não aceitarão, isto é, agirão de acordo com seu mais alto privilégio, o de obedecer ao Filho de Deus. É neles que se faz sua vontade, que o dia amanhece; para eles a estrela da manhã surge em seus corações. A obediência é a alma do conhecimento. Por obediência, não pretendo dizer nenhum tipo de obediência ao ser humano, ou submissão à autoridade reivindicada pelo ser humano ou uma comunidade deles. Quero dizer obediência à vontade do Pai, de qualquer forma que ela seja revelada em nossa consciência.

Deus não permita que eu pareça desprezar o entendimento. O Novo Testamento está cheio de exortações ao entendimento. Nossa vida inteira, para ser vida, deve ser um crescimento no entendimento. Eu aponto o mal-entendido que surge do esforço do ser humano de compreender sem obedecer. É na obediência que nossa energia deve ser gasta; o entendimento virá em seguida. Sem ansiar por saber nosso dever, ou sabendo e não o cumprindo,

27

como seremos capazes de entender o que somente um coração verdadeiro e uma alma limpa entendem? O poder em nós que nos faria compreender, caso fôssemos livres, está nas cadeias da imperfeição e da impureza e, portanto, é incapaz de julgar o divino. Não pode ver a verdade. Se pudesse, não a saberia e não a teria. Até que alguém comece a obedecer, a luz que está nela são trevas.

Contudo, qualquer alma honesta consegue entender isso, já que se trata de algo que conseguimos julgar justo: o Senhor não pode salvar alguém de seus pecados enquanto esse se apegar a eles. Uma onipotência que é capaz de fazer algo neste momento, mas não o faz, é uma ideia absurda demais; uma onipotência que poderia libertar alguém imediatamente, mas o mantém como um servo que rebaixa a si próprio — em vez de torná-lo a própria semelhança de Deus e bom só pelo fato de que ele não poderia deixar de ser bom — seria uma ideia igualmente absurda, igualmente autocontraditória.

Todavia o Senhor não é irracional; ele não requer motivos elevados onde esses ainda não poderiam existir. Ele não diz: "Você deve se arrepender de seus pecados, ou não precisa vir a mim". Para se arrepender de seus pecados, uma pessoa deve amar Deus e o ser humano, e o amor é exatamente o que deve ser desenvolvido nela. É apenas sensatez — nada além — um indivíduo que, desejando ser liberto do sofrimento ou tornar-se capaz de suportá-lo, deva recorrer ao Poder que o fez. Da mesma maneira, se alguém deseja ser liberto do mal que nele existe, é sensatez que ele mesmo deva começar a expulsá-lo, começar a desobedecê-lo e praticar a justiça. Tão sensato quanto as duas ideias anteriores é essa pessoa buscar e esperar a ajuda de seu Pai nessa empreitada. Sozinha, ela pode se esforçar por toda a eternidade e não ter sucesso. Aquele que não se fez, não pode se corrigir sem aquele que o fez, mas seu Criador está nele e é sua força. Todavia, o ser humano que, em vez de fazer o que lhe é mandado,

A SALVAÇÃO DO PECADO

medita especulando a metafísica daquele que o chama para sua obra, assemelha-se a alguém que fica segurando com as costas a porta, pela qual o Senhor entraria para ajudá-lo. No momento em que esse indivíduo começa a endireitar o que está torto — ou seja, corrigir o que estava errado —, ele se afasta da porta e dá passagem para o Mestre. Ele não pode se fazer puro, mas pode deixar aquilo que é impuro; pode espalhar, diante do Sol poente da justiça, a "trama contaminada e descolorida" de sua vida; ele não pode salvar a si mesmo, mas pode permitir que o Senhor o salve. A luta contra sua fraqueza é tão essencial para a vitória vindoura quanto a força daquele que resistiu até a morte, lutando contra o pecado.

O resumo de toda a questão é: o Filho veio do Pai para libertar os filhos de seus pecados; os filhos devem ouvi-lo e obedecê-lo a fim de que ele envie o julgamento para a vitória.

Filho de nosso Pai, ajuda-nos a fazer o que dizes e, assim, morreremos contigo para o pecado, de modo que possamos chegar à filiação para a qual fomos criados. Ajuda-nos a nos arrepender até a expulsão de nossos pecados.

O PERDÃO DOS PECADOS

Assim surgiu João, batizando no deserto e pregando um batismo de arrependimento para o perdão dos pecados.
MARCOS 1:4

eus e o ser humano devem se unir para a salvação do pecado, e a mesma palavra, aqui e em outros lugares traduzida por *perdão*, parece ser empregada no Novo Testamento para a participação de ambos na grande libertação.

Contudo deixe-me, primeiro, dizer algo sobre a palavra traduzida aqui e em todos os lugares como *arrependimento*. Eu não estou sugerindo um erro de tradução; mas a ideia pretendida pela palavra foi tão mal compreendida e, portanto, confundida, o que requer alguma consideração da própria palavra para se chegar a um reconhecimento correto do fato moral que ela representa.

A palavra grega da qual o termo *arrependimento*, como sinônimo aceito e tradução essencialmente correta, é composta de duas palavras cujo significado conjunto é: *mudança de mente ou pensamento*. Não há nela intenção ou sugestão alguma de *tristeza* ou *vergonha* nem qualquer outra das condições mentais que, acompanhando não raramente o termo *arrependimento*, foram tomadas como partes essenciais dele e, às vezes, por sua própria essência. Aqui, o último dos profetas, ou o evangelista que registra seus feitos, qualifica o termo como se o considerasse insuficiente para transmitir o significado de João Batista, de acordo com as palavras a seguir: (em grego: *eis aphesin hamartiōn:— kēryssōn baptisma metanoias eis aphesin hamartiōn*) "pregando um batismo de arrependimento para expulsar os pecados". Eu não digo que a frase (em grego) *aphesin hamartiōn* não possa nunca significar *perdão (dos pecados)*, isto é, uma maneira de Deus expulsar os pecados, pelo menos; tampouco digo que há alguma inconsistência se a frase for entendida como *arrependimento para o perdão dos pecados*, ou seja, como *arrependimento para obter o perdão de Deus*; o que quero dizer é que a palavra (em grego) *eis* significa mais *até* do que *para*; e que a palavra (em grego) *aphesin*, traduzida como *perdão*, significa, em essência, *expulsar*, isto é,

O PERDÃO DOS PECADOS

uma *dispensa*; e que o escritor parece usar a frase adicionada para ter certeza do que ele pretendia dizer com *arrependimento*: um arrependimento, isto é, que chega à expulsão ou à renúncia dos pecados. Não acho que uma *mudança de mente para remissão ou perdão dos pecados* seja uma frase quase tão lógica quanto uma *mudança de mente até a remoção do pecar*. Acredito que, aqui, a mesma palavra é usada tanto para a expulsão dos pecados pelo próprio indivíduo quanto, em outros textos, é usada para a expulsão ou a remissão deles por Deus. Em ambos os usos, é uma expulsão de pecados, com a diferença de significado que vem das diferentes origens da ação. Tanto Deus quanto o ser humano expulsam os pecados, mas, em uma circunstância, Deus expulsa os pecados do ser humano e, na outra, o ser humano expulsa seus próprios pecados. Não entro no mérito se *aphesin* de Deus pode significar ou não tanto a expulsão dos pecados de uma pessoa quanto o perdão deles; nem se pode, às vezes, não significar *remoção*, mas só *perdão*: estou certo de que uma ação não pode ser separada da outra.

Pretendo, ao menos, demostrar que é provável que a frase aqui citada se destina ao arrependimento até a cessação do pecar, o abandono do que é errado.

Em primeiro lugar, o usuário da frase tanto define a mudança de mente como aquela cujo objetivo é o perdão de Deus quanto como aquela que conduz à uma nova vida: esta última me parece a interpretação mais natural, sem dúvida. O tipo e o escopo do arrependimento ou da mudança, e não qualquer fim a ser obtido por ele/ela, parecem intencionais. A mudança deve ser de vontade e conduta — uma mudança radical de vida: a pessoa deve se arrepender — isto é, mudar de mente — não para uma opinião diferente, nem mesmo para uma mera melhoria de sua conduta, mas para nada menos do que a expulsão de seus pecados.

Esta interpretação da pregação de João Batista parece-me, repito, quanto mais direta, mais cheia de significado, mais lógica.

Em seguida, no Evangelho de Mateus, o argumento reforçado de João Batista, ou motivo iminente para a mudança que ele tanto insiste, é que o Reino dos céus está próximo (Mateus 3:2). O mesmo argumento para a ação imediata encontra-se em sua citação de Isaías: "No deserto preparem o caminho para o Senhor; façam no deserto um caminho reto para o nosso Deus" (Is 40:3). A única verdade, a única preparação possível para a vinda do Senhor, é deixar de fazer o mal e começar a fazer o bem — expulsar o pecado. Os seres humanos devem limpar não as ruas de suas cidades, não suas casas ou suas roupas ou mesmo a si próprios, mas seus corações e seus feitos. É verdade que João Batista não viu que a vinda do Reino não era deste mundo, mas do mundo superior no coração dos seres humanos; é verdade que sua fé falhou durante sua prisão, porque ele não ouviu falar de nenhum movimento de guerra da parte do Senhor, nenhuma afirmação de sua soberania, nenhuma demonstração convincente de seu poder; mas ele viu claramente que a justiça era essencial para o Reino dos céus. Contudo, João Batista ainda não tinha percebido que a justiça *é* o Reino dos céus; ele não tinha visto que o Senhor já começara seu Reino ao expulsar o pecado do coração de seu povo — o que é de se maravilhar. A resposta do Senhor à mensagem de dúvida de seu predecessor foi enviar ao seu mensageiro uma testemunha ocular do que ele estava fazendo para despertar ou esclarecer nele a percepção de que seu Reino não era deste mundo — que ele lidava com outros meios para outro fim que João havia reconhecido como sua missão ou objetivo; pois o amor obediente no coração dos mais pobres que ele curou ou persuadiu era seu Reino por vir.

Observe novamente que, quando os fariseus foram a João, ele lhes disse: "Deem fruto que mostre o arrependimento!" (Mateus 3:8). Não seria isso mesmo que "Arrependam-se para expulsar seus pecados"?

O PERDÃO DOS PECADOS

Observe também que, quando as multidões foram ao profeta, e todos, inclusive as classes consideradas mais detestáveis pelas demais pessoas, como publicanos e soldados, perguntaram o que queria que eles fizessem — reconhecendo, desse modo, que algo lhes era exigido —, seu ensinamento seguiu sempre na mesma direção: eles deveriam expulsar seus pecados; e cada um deveria começar com a falta que lhe era mais próxima. O Reino dos céus estava se aproximando: eles deveriam preparar o caminho do Senhor, começando a fazer o que deveria ser feito em seu Reino.

Eles não poderiam se livrar de seus pecados, mas poderiam começar a expulsá-los; poderiam brigar com eles e insistir em expulsá-los de casa: o Senhor estava a caminho para fazer sua parte no banimento final. Aqueles que se arrependeram a ponto de expulsar seus pecados seriam batizados com um poder santo para, de fato, expulsá-los. A vontade operante de se livrar dos pecados seria batizada com um fogo que deveria queimá-los. Quando alguém rompe com seus pecados, o vento, que provém do Senhor, leva-os embora, o fogo do coração do Senhor os consome.

Penso então que a parte do ser humano arrependido, e não a parte de Deus, na expulsão dos pecados, é, aqui, o objetivo. É a única preparação do ser humano para receber o poder de vencê-los: o batismo de fogo.

Com certa frequência, aquilo que vem em nome do evangelho de Jesus Cristo não costuma parecer uma boa-nova, mesmo para alguém que não está distante do Reino dos céus. Não costuma atrair o indivíduo, tampouco despertar nele uma única esperança. Ele não deseja o que lhe é oferecido como redenção. O Deus do qual lhe contam não é alguém de quem ele se aproximaria. Todavia, quando esse indivíduo passa a ver que Deus deve ser sua Vida, o coração de sua consciência... quando ele percebe que, ao despertar para se desfazer do que é mau e cumprir o dever à sua frente, pode reivindicar, sem medo, a ajuda daquele que "formou

A ESPERANÇA DO EVANGELHO

seu ser por amor", então sua vontade põe-se, de imediato, a favor de sua consciência; ele começa a tentar *ser*; e a primeira coisa a ser é livrar-se do que é antagônico a todo ser: a saber, o *erro*. Multidões nem sequer se aproximarão da terrível tarefa, do trabalho e da dor de *ser*. Deus está fazendo sua parte, trabalhando arduamente há séculos, dotando os seres humanos de poder para ser; mas ainda são poucos os que assumem sua parte, que respondem ao chamado de Deus, que querem ser, que se esforçam no divino pela real existência. Para muitos, o espírito do profeta clama: "Virem-se e mudem o seu caminho! O Reino dos céus está perto de vocês. Deixem seu Rei possuir o que é dele. Deixe Deus entronizar-se em vocês; que a liberdade dele seja a sua vida, e vocês, homens livres. Para que ele possa entrar, limpem a casa para ele. Expulsem as coisas ruins de dentro dela. Afastem-se do mal e façam o bem. A obrigação que está à sua frente, cumpra-a, seja grande ou pequena".

Nesta questão não há, de fato, grande ou pequeno. "Contentem-se com o seu salário" (Lucas 3:14), disse João Batista aos soldados. Agora, para muitos, a palavra seria: "Dominem seu temperamento"; ou "Sejam corteses com todos"; ou "Considerem os outros superiores a vocês mesmos"; ou "Sejam justos com o seu próximo para que vocês possam amá-lo". A fim de traçar, no deserto, um caminho reto até nosso Deus, devemos nos despertar no mesmo lugar do deserto onde nos encontramos; devemos lançar longe nosso mal que bloqueia o caminho para as rodas de nossa carruagem. Se não o fizermos, essas rodas nunca rolarão por nossas ruas; nosso deserto nunca florescerá com suas rosas.

A mensagem de João Batista a seus compatriotas consistia, e ainda consiste, na única mensagem ao mundo: "Expulsem os seus pecados, porque o Reino dos céus está próximo". Alguns de nós — não digo *todos*, pois não sei — que já se arrependeram e começaram, há muito tempo, a expulsar seus pecados, precisam,

36

O PERDÃO DOS PECADOS

todos os dias, de um novo arrependimento — quantos por dia, só Deus sabe. Estamos tão dispostos a pegar uma rota que parece correr paralela ao caminho estreito, que não observamos a bifurcação! Quando descobrimos que estamos fora do caminho, o que nos resta a não ser repensar e voltar? Por aqueles "que não precisam arrepender-se" (Lucas 15:7), o Senhor pode ter se referido àqueles que se arrependeram perfeitamente, expulsaram todos os seus pecados e estão com ele agora na casa de seu Pai; também os que nunca pecaram e os que já não se voltam para qualquer tentação.

Devemos agora, talvez, ser capazes de compreender a relação do próprio Senhor com o batismo de João.

Ele foi a João Batista para ser batizado; e muitos diriam que o batismo de João Batista era de arrependimento para a remissão ou o perdão dos pecados. Contudo, o Senhor não poderia ser batizado para perdão dos pecados, pois ele nunca cometera algo egoísta, falso ou injusto. Nunca ofendera seu Pai, assim como seu Pai também nunca o ofendera. Felizes, felizes Filho e Pai, que nunca erraram um com o outro, em pensamento, palavra ou ação! Quando pequeno, ele nunca ofendera irmão ou irmã. Ele não precisava de perdão; não havia nada a perdoar. Ele não poderia ser batizado para o arrependimento: nele, o arrependimento seria converter-se ao mal! Então qual a finalidade de ser batizado por João? Por que insistir em ser batizado por ele?

Se tomarmos as palavras de João como "batismo de arrependimento até a expulsão dos pecados" e tivermos em mente que, quando se trata de Jesus, não poderia ser um caso de arrependimento, visto que a finalidade do arrependimento no ser humano já existia em Jesus; altero então as palavras para caberem na situação de modo a ficar: "o batismo de devoção voluntária para a expulsão do pecado", assim é possível ver de imediato como o batismo de Jesus foi certo e adequado.

A ESPERANÇA DO EVANGELHO

Se ele não tinha pecado do qual se arrepender, não era porque era tão constituído que não poderia pecar se assim o quisesse; foi porque ele expulsou, por sua própria vontade e julgamento, o pecado — expulsou-o dele com toda convicção e energia de sua natureza. Deus conhece o bem e o mal e, bendito seja o seu nome, escolhe o bem.

Nunca sua ira justa o tornará injusto para conosco, fazendo com que ele se esqueça de que somos pó. Como ele, seu Filho também escolheu o bem e, nessa escolha, resistiu a todas as tentações de ajudar seus companheiros de outra forma que não fosse como o seu Pai — e Pai deles — faria. Em vez de esmagar o poder do mal pela força divina; em vez de obrigar a justiça e destruir os ímpios; em vez de fazer a paz na terra pelo governo de um príncipe perfeito; em vez de reunir os filhos de Jerusalém sob suas asas, quisessem eles ou não, e salvá-los dos horrores que angustiavam sua alma profética, ele deixou o mal operar sua vontade enquanto vivia; ele se contentou com as formas lentas e não encorajadoras de ajuda essencial, tornando os homens bons; expulsando (e não apenas controlando) Satanás; levando, à sua emissão perfeita na terra, os velhos princípios primordiais pelos quais o Pai o honrou: "Amas a justiça e odeias a iniquidade; por isso Deus, o teu Deus, escolheu-te dentre os teus companheiros ungindo-te com óleo de alegria" (Salmos 45:7). Amar a justiça é fazê-la crescer, não a vingar; e a fim de obter a verdadeira vitória para a justiça, ele, assim como seus irmãos, precisou expulsar o mal. Ao longo de sua vida na terra, ele resistiu a todo impulso de trabalhar mais rapidamente por um bem inferior — impulso forte quando viu, talvez, a velhice, a inocência e a justiça pisoteadas. Isso não dá algum senso de realidade à tentação no deserto, ao diabo se afastar dele por um período, à sua volta para experimentar um fracasso semelhante? A todo momento, em toda a atitude de seu ser, em seu coração sempre elevado, em sua disposição

O PERDÃO DOS PECADOS

infalível de puxar o jugo do Pai, ele estava repelindo — afastando o pecado — para longe de si mesmo, e, como Senhor dos seres humanos e seu Salvador, para longe também dos outros, levando-os a renunciá-lo, assim como ele. Nenhum ser humano, tampouco qualquer senhor dos seres humanos, é capaz de ser bom sem querer sê-lo, sem se colocar contra o mal, sem expulsar o pecado. Outros seres humanos precisam expulsá-lo de dentro de si; o Senhor precisou expulsá-lo de sua frente para não entrar nele. Portanto, a posição contra o pecado é comum ao capitão da salvação e aos soldados sob seu comando.

O que Jesus veio ao mundo fazer? A vontade de Deus, ou seja, salvar seu povo dos pecados deles — e não da punição dos pecados deles, essa bendita ajuda ao arrependimento, mas salvá-los de seus próprios pecados, tanto os pecados mesquinhos quanto os hediondos, os perdoáveis e, também, os repugnantes. Toda a sua obra consistiu e consiste em expulsar o pecado — bani-lo da terra, lançá-lo no abismo da inexistência, às costas de Deus. A guerra santa era dele; ele trouxe-a para nosso mundo; resistiu até o sangue; ensinou e treinou os soldados que o seguiram a também resistir até o sangue, lutando contra o pecado; então tornou-se o capitão da salvação deles, e estes libertaram-se, lutaram e sofreram pelos outros. Essa foi a tarefa para a qual ele foi batizado; este ainda é seu trabalho permanente. "Isto é o meu sangue da nova aliança, que é derramado em favor de muitos, para perdão de pecados" (Marcos 14:24). Qual foi a nova aliança? "Farei uma nova aliança com a comunidade de Israel e com a comunidade de Judá. Não será como a aliança que fiz com os seus antepassados... porque quebraram a minha aliança... Porei a minha lei no íntimo deles e a escreverei nos seus corações. Serei o Deus deles, e eles serão o meu povo" (Jeremias 31:31-33)

João batizou até o arrependimento porque aqueles a quem ele foi enviado tiveram de se arrepender. Tiveram de refletir sobre

39

si mesmos e expulsar o pecado neles. Porém, se houvesse uma pessoa sem ciência de algum pecado em si, ciente, contudo, de que a vida não seria vida se o pecado não se mantivesse fora dela, essa pessoa estaria certa de receber o batismo de João para a contínua remoção do pecado, o qual sempre quer entrar por sua porta. O objetivo do batismo era a expulsão do pecado; o arrependimento tornava-se o objetivo apenas nas situações em que fosse necessário. Aquele a quem João não foi enviado, aquele a quem ele não chamou, aquele que não precisava de arrependimento, foi batizado pelo mesmo objetivo, pelo mesmo conflito, pelo mesmo fim — o banimento do pecado dos domínios de seu Pai — e isso, primeiro, por seu próprio repúdio, mais severo, a si mesmo. Daí veio sua vitória no deserto: ele a queria à maneira de seu Pai, não à sua. Poderia ele estar menos apto a receber o batismo de João, já que seu objetivo não lhe era algo novo, visto que estivera envolvido desde o início, desde toda a eternidade? Nós também estaremos envolvidos, presumo, por toda a eternidade.

As pessoas, então, batizadas por João, foram iniciadas na companhia daquele cuja obra consistia em expulsar o pecado do mundo, primeiro expulsando-o de si próprio, acabando com ele. Seu esforço inicial, nesta direção, abriria, como eu disse, a porta para a ajuda entrar, sem a qual uma pessoa nunca teria sucesso na tarefa divinamente árdua — não poderia, já que a obra deve ser executada nas raízes de seu ser, onde não é possível fazer nada de imediato sem conhecer os segredos de sua existência essencial, onde apenas seu Criador é potente e onde apenas ele está conscientemente presente. A mudança que deve ocorrer nele equivale mais do que a uma nova criação, visto que se trata de uma criação superior. Todavia, sua necessidade está envolvida na primeira criação; e, por isso, temos o direito de pedir ajuda a nosso Criador, pois, o que ele pede de nós, fomos criados incapazes de realizar sem ele. Muito pelo contrário!

O PERDÃO DOS PECADOS

Se pudéssemos fazer qualquer coisa sem ele, tratar-se-ia de algo que seria melhor deixar sem fazer. Bendito o fato de que ele nos pôs tão perto dele! Que a escala de nosso ser é tão grande que somos completados apenas por sua presença nele! Que não somos humanos sem ele! Que podemos ser um só com nosso Criador autoexistente! Que não estamos separados do Infinito original! Que nele devemos compartilhar a infinitude, ou seremos escravizados pelo finito! A natureza de nossa realeza é que não podemos, nem por um momento, viver nossa verdadeira vida sem a vida eterna em e com nossos espíritos. Deixamos de existir se ele não estiver em nossa essência desconhecida. Um cachorro, é verdade, não pode viver sem Deus; mas pode, presumo, viver uma boa vida canina sem saber a presença de sua origem. O ser humano, contudo, está morto se não conhecer o Poder que lhe criou, seu eu mais profundo; a Presença que não é ele e que está mais próximo dele do que si mesmo; que é infinitamente mais do que ele, mais seu próprio ser do que ele próprio. O ser do qual temos consciência não é o nosso eu pleno; a extensão da nossa consciência, do nosso eu, não é parâmetro para o nosso eu; nossa consciência é infinitamente menor do que somos, enquanto Deus é mais necessário para essa pobre consciência até mais do que nossa autoconsciência é necessária para nossa humanidade. Até que uma pessoa se torne a potência de sua própria existência, se torne seu próprio Deus, a única coisa necessária para seu existir é a vontade de Deus; para o bem-estar e aperfeiçoamento dessa existência, a única coisa necessária é o ser humano conhecer o seu Criador presente nele. Tudo o que os filhos querem é seu Pai.

O único objetivo verdadeiro de todo discurso a respeito das coisas santas é persuadir o indivíduo a deixar de fazer o mal, a se dedicar a fazer o bem, a esperar que o Senhor de sua vida esteja a seu lado na nova luta. Supondo que as sugestões que fiz sejam corretas, não me importa que meu leitor as compreenda, exceto para se voltar contra o mal nele e começar a bani-lo. Se este não for o resultado, é de pouca importância se ele concorda ou não com minha interpretação. Se ele assim se arrepender, é igualmente de pouca importância; pois, propondo-se a seguir a verdade, estará a caminho de saber todas as coisas. O conhecimento real começou a se tornar possível para ele.

Não estou certo do que o Senhor quis dizer com as palavras: "Convém que assim [nós] façamos, para cumprir toda a justiça" (Mateus 3:15). O batismo não poderia ser o cumprimento de toda a justiça! Talvez ele quisesse dizer: "Devemos, por um ato pleno de vontade, nos entregar totalmente à justiça. Devemos tornar a empreitada de nossas vidas expulsar o pecado e fazer a vontade do Pai. Essa é minha obra, tanto quanto a obra de qualquer pessoa que deve se arrepender antes de começar. Não ficarei de fora quando você chamar os seres humanos para serem puros como nosso Pai é puro".

Saber com certeza a quem Jesus se referiu por *nós* talvez nos ajude a compreender o que ele quis dizer. Teria ele se referido a *todos nós, seres humanos*? Teria se referido a "meu Pai e eu"? Ou a "eu e você, João"? Se o que foi dito significa o que sugeri, então o *nós* se aplicaria a todos os que têm o conhecimento do bem e do mal. "Todo ser que pode e deve se dedicar à justiça. Ser certo não é um complemento da inteireza; é a base e o fundamento da existência." Contudo, talvez tenha se tratado de uma lição para o próprio João, que, poderoso pregador da justiça que era, ainda não considerava tudo na vida. Eu não posso afirmar.

Observe que, quando o Senhor começou seu ensinamento, ele empregou, sem usar nem incutir nenhum rito, as mesmas palavras de João: "Arrependam-se, pois o Reino dos céus está próximo" (Mateus 3:2; 4:17).

O Perdão dos Pecados

Aquele Reino esteve próximo durante toda a sua infância, meninice e juventude: ele esteve no mundo com seu Pai em seu coração: aquele era o Reino dos céus. Homem solitário na encosta da colina, ou menino que foi o centro das atenções dos olhares dos doutores, seu Pai era tudo para ele: "Não sabeis que me convém tratar dos negócios de meu Pai?" (Lucas 2:49).

JESUS NO MUNDO

Filho, por que fizeste assim para conosco? Eis que teu pai e eu ansiosos te procurávamos. E ele lhes disse: Por que é que me procuráveis? Não sabeis que me convém tratar dos negócios de meu Pai? E eles não compreenderam as palavras que lhes dizia.[1]

LUCAS 2:48-50

[1] Versículos extraídos da versão *Almeida Revista e Corrigida de 1969*, daqui em diante referida como RC69.

Foi isso que ele disse? Por que eles não entenderam? Nós entendemos? O que sua palavra significa? O grego não é absolutamente claro. Quem neste mundo pode afirmar que as palavras siríacas por ele usadas foram mais precisas? Contudo, se tivéssemos ouvido suas próprias palavras, nós, assim como seu pai e sua mãe, não teríamos conseguido entendê--las. Devemos ainda falhar?

Se eu mostrar a última metade do que foi dito conforme apresentado nas traduções mais modernas, logo fica claro onde reside nossa dificuldade inicial: a diferença da Almeida Revista e Corrigida de 1969 revela o ponto de obscuridade: "Não sabiam que eu devia estar na casa de meu Pai?" (Lucas 2:49, NVI). Seus pais ouviram as palavras de Jesus, mas não as entenderam. Não temos suas palavras exatas e estamos em dúvida quanto ao significado da tradução grega delas.

Se a tradução da RC69 foi fiel à intenção do grego e, portanto, à do siríaco, como poderiam seus pais, conhecendo-o como o conheciam, sabendo de tudo o que havia sido falado a respeito dele, de tudo o que haviam visto nele, das ponderações do próprio coração de Maria e dos preciosos pensamentos que ela e José nutriam a respeito dele, não o compreender quando este disse que, onde quer que estivesse, deveria cuidar dos negócios de seu Pai? Por outro lado, supor que, como os dois sabiam e sentiam que ele deveria cuidar dos negócios de seu Pai, isso teria sido razão suficiente, em vista do grau de desenvolvimento espiritual por eles alcançado, o Senhor esperar que não ficassem ansiosos por perdê-lo? Milhares e milhares que confiam em Deus como seu amigo nas coisas espirituais, não confiam nele no que diz respeito à sua mera saúde ou ao seu bem-estar material. Seus pais sabiam como os profetas sempre foram tratados na terra; ou, se essa não fosse a preocupação, que existiam muitos perigos aos quais um menino como ele pareceria exposto, a ponto

JESUS NO MUNDO

de despertar uma ansiedade que só poderia ser enfrentada por uma fé semelhante a dizer: "O que quer que lhe tenha acontecido, mesmo a própria morte, não pode significar mal algum para quem está atarefado com os negócios de seu Pai"; e tal fé, creio, o Senhor ainda não poderia ter esperado deles. Que, durante os negócios do Pai, pudesse acontecer com ele aquilo que o mundo considera infortúnio, teria ele reconhecido, acho, como a razão da ansiedade de seus pais — enquanto estes não tivessem aprendido de Deus que ele é o que é — a coisa que o Senhor veio ensinar a homens e mulheres de seu Pai. Suas palavras parecem sugerir que não havia necessidade de se preocupar com sua segurança pessoal. O medo de ele sofrer algum acidente parece ter sido a causa da preocupação de seus pais; e ele não quis dizer, acredito, que os dois não deveriam se importar caso ele morresse cumprindo a vontade de seu Pai, mas que nenhum acidente ou infortúnio estava colocando-o em perigo. À medida que prosseguirmos, isso aparecerá mais claramente. Basta da tradução da RC69.

Tomemos agora a tradução de versões mais modernas: "Não sabiam que eu devia estar na casa de meu Pai?".

Traduzir o grego assim é correto? Desconheço alguma justificativa para essa modificação, mas não tenho conhecimento suficiente para dizer que não se tem nenhuma. Que o siríaco era assim, é de pouco peso; visto que não se trata do original siríaco, mas de uma tradução da tradução. Se ele disse "a casa de meu Pai", será que se referiu ao Templo e seus pais não entenderam o que ele quis dizer? E por que ele deveria ter dado como certo seus pais compreendê-lo, ou julgado que eles deveriam saber que ele estaria lá? Tampouco o próprio templo lhes ocorreu, que ou se tratava do último lugar em que o procuraram ou eles já haviam estado lá e não o encontraram? Se ele quis dizer que os dois poderiam saber disso sem ser dito, por que então eles não o entenderam mesmo quando a informação foi colocada diante deles? Não acredito que ele se referisse ao templo; eu não acho que ele disse ou quis dizer "na casa de meu Pai".

O que faz então aqueles que nos dão essa tradução preferirem-na em vez da frase constante na versão RC69: "tratar dos negócios de meu Pai"?

Uma ou outra de duas razões — provavelmente as duas juntas: uma fantasia teológica e o mero fato de ele ter sido encontrado no templo. Uma mente teológica presumirá que o templo é o lugar mais adequado, portanto o lugar mais provável para o Filho de Deus se dirigir, mas tal mente não seria a primeira a refletir que o templo era um lugar onde o Pai não era adorado nem em espírito nem em verdade — um lugar construído por um dos governantes mais vis deste mundo, menos adequado do que muitos outros locais para a presença especial daquele de quem o profeta dá testemunho: "Pois assim diz o Alto e Sublime, que vive para sempre, e cujo nome é santo: 'Habito num lugar alto e santo, mas habito também com o contrito e humilde de espírito, para dar novo ânimo ao espírito do humilde e novo alento ao coração do contritos'" (Isaías 57:15) O próprio Jesus, com o mesmo fôlego com que outrora a chamou de casa de seu Pai, chamou-a de covil de ladrões. Expulsar os compradores e vendedores dela foi o primeiro vento de limpeza com o qual ele veio para purificar os domínios de seu Pai. Nada poderia limpar aquela casa; seu vento transformou-se em tempestade e varreu isso do mundo de seu Pai.

Quanto à segunda possível razão da mudança de *negócios* para *templo* — o mero fato de ter sido encontrado no templo dificilmente pode consistir em uma razão para ele esperar que seus pais soubessem onde estaria; e se isso é um testemunho de alguma forma de pensamento ou hábito com o qual estavam familiarizados, é, repito, difícil ver porque os pais deixariam de perceber o que os intérpretes tão facilmente encontraram. Todavia, os pais procuraram um significado maior nas palavras do filho, cujo significado ao mesmo tempo era grande demais para eles descobrirem.

Quando, de acordo com o grego, o Senhor, na ocasião já mencionada, diz "a casa de meu Pai", ele o diz claramente; ele usa a palavra *casa*; aqui ele não a usa.

Vejamos o que consta no grego para nos guiar ao pensamento do Senhor quando este raciocinou as apreensões de seu pai e de sua mãe. O grego, lido literalmente, diz: "Não sabiam que eu devia [...] de meu Pai?". A RC69 traz *os negócios*; as outras traduções mais modernas, *a casa*. Não há substantivo no grego, e o artigo definido está no plural. Para traduzi-lo tão literalmente quanto possível, o que foi dito ficaria: "Não sabiam que eu devia estar nas coisas de meu Pai?". O artigo no plural implica as *coisas*, mas a questão é: a que *coisas* ele se refere? A palavra pode significar *assuntos* ou *negócios*; mas o motivo pelo qual o artigo no plural deve ser entendido como *casa*, eu não sei. Em um sentido amplo, sem dúvida, a palavra *casa* pode ser usada, como estou prestes a mostrar, mas não certamente para significar templo.

Ele estava questionando a confiança de seus pais em Deus, não o conhecimento de seu paradeiro. A mesma coisa que os deixou ansiosos a respeito dele os impediu de entender suas palavras, a saber, a falta de fé no Pai. Isso, a única coisa que ele veio ao mundo para ensinar aos seres humanos, essas palavras deveriam ensinar seus pais. Elas são espírito e vida envolvendo o único princípio pelo qual os seres humanos devem viver. Elas têm a mesma essência de suas palavras aos discípulos na tempestade: "Homens de pequena fé!" (Mateus 16:8). Vamos examiná-las mais de perto.

"Por que vocês estavam me procurando? Não sabiam que eu devia estar entre as coisas de meu Pai?" O que devemos entender por *as coisas de meu Pai*? A tradução que consta na versão RC69 é, quanto às próprias palavras, creio eu, completamente justificável: "Me convém tratar dos negócios de meu Pai" ou "dos assuntos de meu Pai"; recuso-a apenas por não se enquadrar na lógica da narrativa, como o faz as palavras *as coisas*, que, além disso, abrem-nos uma porta de grande e alegre perspectiva. É claro que Jesus tratava dos negócios de seu Pai, e seus pais poderiam saber disso e ainda assim sentirem-se preocupados com ele pelo fato de não terem uma fé perfeita neste Pai. Todavia, como já falei, não se tratava de ansiedade pelo que poderia acontecer com Jesus por executar a vontade do Pai; para os dois, Jesus poderia muito bem parecer-lhes muito jovem para um perigo desse tipo; mas o que os atemorizava era apenas os vagos perigos da vida, que estavam além de sua visão; a inquietação deles era a de todo pai quando o filho está desaparecido; e se eles, como Jesus, tivessem confiado em seu Pai, teriam entendido o que seu filho quis dizer quando falou que estava no meio das coisas de seu Pai: a saber, que as coisas das quais eles temiam que pudessem causar-lhe um acidente terrível encontravam-se em seu próprio ambiente doméstico; ou seja, ele não estava tratando dos negócios do Pai em um país estrangeiro, mas na própria casa do Pai. Entendida como significando *o mundo* ou *o universo*, a frase *a casa de meu pai* seria uma tradução melhor do que a da RC69; compreender, portanto, a frase como significando o pobre e miserável "templo" abandonado por Deus — não mais a casa de Deus do que um cadáver é a casa de uma pessoa — consistiria em um significado imensamente inferior.

Parece-me que o Senhor pretendia lembrá-los, ou melhor, fazê-los sentir, visto não terem ainda aprendido o fato, que como ele nunca estivera fora de casa, não poderia se perder, como os dois haviam pensado; que ele se encontrava na casa de seu Pai o tempo todo, onde nada poderia machucá-lo. "As coisas" para ele eram os móveis e os utensílios de sua casa; ele conhecia cada um e sabia como usá-los. "Devo estar entre os pertences de meu

Pai". O mundo era sua casa porque é a casa de seu Pai. Ele não era um estranho que não soubesse andar por ela. Não era um filho perdido, ele estivera com seu Pai o tempo todo.

Neste ponto, podemos notar algo relevante do qual o Senhor difere de nós: nós não estamos em casa neste grande universo, a casa de nosso Pai. Devíamos estar e, um dia, estaremos, mas ainda não estamos. Isso mostra que Jesus é mais do que um ser humano; revela-o como um ser mais humano do que nós. Não somos seres humanos completos, não estamos nem próximos disso e, portanto, mantemo-nos, mais ou menos, em desarmonia com tudo na casa onde nascemos e moramos. Estamos sempre lutando para nos sentirmos em casa no mundo, contudo ainda sem conseguir. Não nos sentimos à vontade nesta casa, porque não nos sentimos à vontade com o dono da casa, o Pai da família, nem com nosso irmão mais velho, que é seu braço direito. Somos apenas o filho, a filha, que permanece na casa. Quando somos filhos verdadeiros, o universo será então nossa casa, sentido e conhecido como tal, a casa com a qual estamos satisfeitos e não mudaríamos. Daí, até então, a luta árdua, a luta constante que mantemos com a *Natureza* — como chamamos as coisas de nosso Pai; uma luta inestimável para o nosso desenvolvimento, ao mesmo tempo que nos manifesta que ainda não somos humanos o suficiente para nos tornarmos senhores da casa construída para vivermos. Não podemos governá-la ou comandá-la como o Senhor, porque não somos um com o Pai e, portanto, não estamos nem em harmonia com suas coisas nem somos governantes delas. No que concerne a essas coisas, nosso melhor poder reside apenas em descobrir fatos maravilhosos sobre elas e suas relações, bem como transformar esses fatos de modo a poder usá-los em sistemas próprios. Pois descobrimos o que parecemos descobrir trabalhando de fora para dentro, enquanto ele trabalha de dentro para fora; e nunca compreenderemos o mundo até vê-lo na direção de seu trabalho para criá-lo, a saber, de dentro para fora. É claro que não seremos capazes de fazer isso até nos tornarmos um com ele. Enquanto isso, tanto suas coisas quanto nós próprios pertencemos completamente a ele, de maneira que só podemos errar com essas coisas o quanto ele tornou possível que erremos; só podemos vagar na direção da verdade — apenas para descobrirmos que nada podemos encontrar.

Pense por um momento em como Jesus sentia-se em casa entre as coisas de seu Pai. Parece-me, repito, uma explicação não verossímil de suas palavras o templo ser o lugar onde ele encontrava-se naturalmente em casa. Ele lamentou minimamente pelo templo? É por Jerusalém que ele chorou — pelas pessoas de Jerusalém, os que matavam, os que apedrejavam. Qual era o seu lugar de oração? Não o templo, mas o topo da montanha. Onde ele encontrava símbolos para expressar o que lhe vinha em mente e ante a face de seu Pai no céu? Não no templo; não em seus ritos; não em seus altares, não em seu Santo dos Santos; ele os encontrava no mundo e em seus fatos adoráveis e humildes: na beira da estrada, no campo, na vinha, no jardim, em casa, na família e no mais comum de seus afazeres — no acender da lâmpada, no fermentar do pão, no empréstimo do vizinho, na perda da moeda, no extravio da ovelha. Até mesmo nos fatos desagradáveis do mundo, usados de modo sagrado, como o juiz injusto, o administrador mentiroso, os trabalhadores infiéis, mas ele ignora o templo. Veja como ele expulsa os demônios das almas e dos corpos de pessoas como nós, os lobos de nossos currais de ovelhas! Como, diante dele, as doenças com escamas e manchas apressam-se e fogem! Para ele, o mundo não tem nenhum lugar que lhe cause terror. Ele caminha até a porta do sepulcro, o porão selado da casa de seu Pai, e invoca seus mortos que estão lá há quatro dias. Ele repreende os enlutados ante o funeral e devolve, aos braços dos pais, os filhos que morreram. O mais rude de seus servos não o abala; nenhum deles é tão arrogante a ponto de desobedecer à sua palavra; ele adormece no meio da tempestade que ameaça engolir seu barco. Ouça como, naquela mesma ocasião, ele repreende seus discípulos! Crianças a tremerem com uma rajada de vento na casa! Filhos de Deus com medo de uma tempestade! Ouça-o dizer ao chão aquoso para ficar quieto e não jogar mais seus irmãos de lá para cá! Veja o chão aquoso obedecê-lo e se aquietar! Veja como as criaturas que vagam sob aquele chão vêm ao seu chamado! Veja-o sair de seu refúgio na montanha e caminhar sobre sua superfície agitada para ajudar seus homens de pouca fé! Veja como a água do mundo se transforma em vinho! Como seu pão produz mais pão apenas por sua palavra! Veja como ele sai de casa por um tempo e, retornando com poder novo, toma a forma que lhe agrada, passa por suas portas fechadas e sobe e desce suas escadas invisíveis!

Durante toda a sua vida, ele esteve entre as coisas de seu Pai, no céu ou no mundo — não apenas quando o encontraram no templo de Jerusalém. Ele ainda permanece entre as coisas de seu Pai, em todos os lugares do mundo, em todos os lugares do vasto universo. O que quer que ele tenha deixado de lado para vir até nós, com quaisquer que sejam as limitações, ele baixou sua cabeça real por nossa causa e lidou com tudo de maneira tão nobre e pueril, o que demonstrou que essas coisas não eram estranhas para ele, pois se tratavam das coisas de seu Pai. Ele não reivindicou nenhuma delas como suas, e não teria tido nenhuma delas, exceto por meio de seu Pai. Ele poderia desfrutá-las apenas por pertencerem ao Pai — somente por virem do Pai e estarem cheias do pensamento e da natureza do Pai, elas tinham alguma existência para ele. Como as coisas eram de seu Pai, elas se tornavam preciosas para ele. Jesus não se importava em possuí-las, como os seres humanos consideram possuir. Todo o seu possuir estava no Pai. Eu me pergunto se, alguma vez, ele colocou alguma coisa no bolso: duvido que tenha. Alguma vez, ele disse: "Isto é meu, não seu"? Não disse ele: "Todas as coisas são minhas, portanto são suas"? Oh, qual sua liberdade entre as coisas do Pai! Somente conhecendo as coisas de nosso Pai, podemos escapar de nos escravizar a elas. Pela ideia falsa, infernal, de *ter*, de *possuí-las*, tornamo-las nossos tiranos, transformando em algo maligno a relação entre elas e nós. O mundo era um lugar abençoado para Jesus, porque tudo nele era de seu Pai. Que dor não deve ter sido para ele ver seus irmãos abusarem tão vilmente da casa do Pai, apegando-se, cada um por si, às coisas da família! Se é suficiente para perturbar todo nosso prazer apenas saber que determinado lugar detém alguma poluição, como não deve ter sido com ele, como não deve ser com ele agora, no que diz respeito às desfigurações e às contaminações causadas pela ganância dos homens, por sua pressa em enriquecer na adorável casa de seu Pai!

Quem quer que seja capaz de compreender Wordsworth[1] ou Henry Vaughan[2] quando fazem gloriosas reflexões sobre sua infância, poderá imaginar um pouco como Jesus provavelmente encara o mundo, em sua infância eterna.

Ouça o que Wordsworth diz:

Nosso nascimento é apenas um sono e um esquecimento:
A Alma que nasce conosco, a Estrela da nossa vida,
Teve, em outro lugar, sua localização,
E vem de longe:
Não em completo esquecimento,
E não em total nudez,
Mas seguindo nuvens de glória, nós viemos

---

[1] William Wordsworth (1770-1850) é considerado o maior poeta romântico inglês. (N. do T.)

[2] Henry Vaughan (1621-1695) foi um poeta metafísico, autor, tradutor e médico galês. (N. do T.)

JESUS NO MUNDO

De Deus, que é a nossa casa:
O céu repousa em nós na nossa infância!
As sombras da prisão começam a aproximar-se
Do Menino em crescimento,
Mas Ele vê a luz e de onde ela flui,
Ele a vê em sua alegria;
O jovem que, diariamente mais longe do Leste,
Deve viajar, ainda é o Sacerdote da Natureza,
E pela visão esplêndida
É, em seu caminho, cuidado;
Por fim, a pessoa percebe que ela está lentamente se extinguindo,
E sumindo na luz do dia comum.

Ouça o que Henry Vaughan diz:

Felizes aqueles primeiros dias quando eu
Brilhava na minha infância angelical!
Antes de entender esse lugar
Nomeado para a minha segunda corrida,
Ou ensinar minha alma a imaginar o que deveria
Ser apenas um pensamento celestial branco;
Quando eu ainda não tinha me afastado mais de
Uma ou duas milhas de meu primeiro amor,
E, olhando para trás (naquele curto espaço),
Pude vislumbrar seu rosto brilhante;
Quando, em alguma nuvem dourada ou flor,
Minha alma contemplativa uma hora habitaria,
E, nessas glórias mais fracas, espiar
Algumas sombras da eternidade;
Antes de ensinar minha língua a ferir
Minha Consciência com um som pecaminoso,
Ou tinha a arte negra para disseminar
Diversos pecados para cada sentido,
Mas senti através de toda essa roupagem carnal

55

Botões brilhantes de eternidade.

Oh, como desejo viajar de volta

E trilhar novamente aquela antiga trilha!

Para que eu possa uma vez mais alcançar aquela planície,

Onde eu abandonei, pela primeira vez, meu trem glorioso,

De onde o espírito iluminado vê

Aquela sombria Cidade das Palmeiras.

Quem contemplou assim uma flor ou uma nuvem; quem é capaz de se lembrar da mais pobre lembrança do rastro de glória que pairava sobre sua infância deve ter uma vaga ideia de como a casa de seu Pai e as coisas nela sempre pareceram e ainda devem parecer para o Senhor. Com ele, não há o sumiço na luz do dia comum. Jesus nunca perdeu sua infância; a própria essência da infância refletida na proximidade com o Pai e na manifestação de seu amor criativo; de onde, com sua visão de infância eterna, da qual a visão dos pequeninos aqui consiste em uma repetição mais fraca, ele deve ver tudo como o Pai o quer. O filho vê as coisas como o Pai deseja que ele as veja, de acordo com o que pensava conforme as proferia. Pois Deus não é apenas o Pai do filho, mas da infância que o constitui um filho, portanto a infância é de natureza divina. O filho pode não ser realmente capaz de analisar o método do Pai, mas pode, em certa medida, entender seu trabalho, o que lhe confere, portanto, entrada livre para seu escritório e oficina; é também bem-vindo para descobrir o que puder, com total liberdade para fazer-lhe perguntas. Existem também pessoas que, na melhor das hipóteses, veem, em sua medida inferior, as coisas como elas são — como Deus sempre as vê. Jesus via as coisas da mesma forma que seu Pai as enxergava em sua imaginação criativa, ao colocá-las aos olhos de seus filhos. Todavia, se ele sempre pudesse ver as coisas de seu Pai, mesmo como algumas pessoas e mais filhos às vezes as veem, ele poderia *muito bem* se sentir quase em casa entre eles. Ele não podia deixar de admirar, de amá-los. Eu digo *amor*, porque a vida neles, a presença daquele que é criativo, seria sempre clara para ele. No Perfeito, a familiaridade algum dia destruiria a admiração por coisas essencialmente maravilhosas porque são essencialmente divinas? Deixar de se maravilhar é cair violentamente do infantil para o banal — o estado de espírito intelectual menos divino de todos. Nossa natureza nunca pode estar em casa entre as coisas que não nos são maravilhosas.

Se pudéssemos ver sempre as coisas como de vez em quando as vemos — e como um dia seremos capazes de sempre ver, só que muito melhor —, algum dia conheceríamos a monotonia? Assim como podemos desfrutar de todas as formas de arte, tanto quanto podemos aprender pelos olhos e pensamentos de outras pessoas, deveríamos voar até elas a fim de nos livrarmos do *tédio* ou de qualquer desconforto assustador? Não deveríamos apenas abrir nossos olhos de filho e olhar para as próprias coisas e sermos consolados?

Jesus queria, então, que seus pais entendessem que ele estava no mundo de seu Pai, entre as coisas de seu Pai, onde nada poderia machucá-lo; ele conhecia todas as coisas, o segredo de todas elas, podia usá-las e ordená-las como seu Pai. Acho que todos nós, seres humanos, estamos destinados a ascender para isso. Embora muitos de nós não saibam o tipo de lar que precisam, o lar que somos capazes de ter, nós também herdaremos a terra com o Filho eterno, usando-a como quisermos — desejando com a vontade do Pai. Estamos viajando para um lar como o que agora habitamos, apenas aperfeiçoado e perfeitamente admirado, para nunca o alcançar exceto pela obediência que nos torna filhos e, portanto, herdeiros de Deus. E graças a Deus! Ali o Pai não morre para que os filhos possam herdar; pois, bem-aventurança do céu, nós herdamos com o Pai!

A ESPERANÇA DO EVANGELHO

Todos os perigos que ameaçavam Jesus vinham dos sacerdotes e dos peritos na lei tradicional, a quem seus pais nem sequer haviam começado a temer. Os dois temiam os perigos do caminho acidentado, os ladrões e os salteadores da estrada da colina. Os escribas e os fariseus, os sacerdotes e os governantes — eles seriam os primeiros a reconhecer seu Messias, seu rei! Seus pais mal imaginariam, quando encontraram Jesus onde ele deveria estar mais seguro, caso o templo fosse realmente a casa de seu Pai, que Jesus estivera sentado ali entre os leões — os grandes doutores do templo! Ele podia governar todas as coisas na casa de seu Pai, mas não os homens da religião, os homens do templo, que chamavam seu Pai de Pai deles. É verdade que ele poderia tê-los compelido com uma palavra, tê-los definhado com um olhar, tê-los feito rastejar a seus pés com um toque de dedo; mas o Senhor da vida desprezava tal supremacia sobre seus irmãos. Ele deveria governá-los como seu próprio Pai os governava; Jesus gostaria que eles tivessem se reconhecido como parte da mesma família que ele; tê-los em casa, dentre as coisas de Deus, cuidando das coisas que ele cuidava, amando e odiando como ele e seu Pai amavam e odiavam, governando-se pelas leis essenciais do ser. Como eles não seriam assim, Jesus deixou-os fazer com ele o que quiseram, a fim de atingir seus corações por alguma porta desconhecida e desprotegida em sua parte divina. "Eu serei Deus entre vocês; serei eu mesmo para vocês. Vocês não irão me aceitar? Então façam comigo o que quiserem. Os que foram criados terão poder sobre aquele por meio de quem foram criados, para que sejam obrigados a conhecê-lo e a seu Pai. Olharão para aquele a quem traspassaram."

Seus pais o encontraram no templo; porém, nunca o encontraram realmente até ele entrar no verdadeiro templo: seus próprios corações de adoração. O templo que não reconhece seu

58

JESUS NO MUNDO

construtor não é templo; nele não habita nenhuma divindade. Contudo, por fim, ele volta aos seus, e os seus o recebem; vai a eles no poder de sua missão para pregar boas-novas aos pobres, cuidar do que estão com coração quebrantado, proclamar livramento, e visão, e liberdade e o tempo certo do Senhor.

Jesus e seus compatriotas

Ele foi a Nazaré, onde havia sido criado e no dia de sábado entrou na sinagoga, como era seu costume. E levantou-se para ler. Foi-lhe entregue o livro do profeta Isaías. Abriu-o e encontrou o lugar onde está escrito: "O Espírito do Senhor está sobre mim, porque ele me ungiu para pregar boas-novas aos pobres. Ele me enviou para proclamar liberdade aos presos e recuperação da vista aos cegos, para libertar os oprimidos e proclamar o ano da graça do Senhor". Então ele fechou o livro, devolveu-o ao assistente e assentou-se. Na sinagoga todos tinham os olhos fitos nele; e ele começou a dizer-lhes: "Hoje se cumpriu a Escritura que vocês acabaram de ouvir".

Lucas 4:16-21

O sermão do Senhor na Montanha parece, tanto quanto possível, uma ampliação dessas palavras do profeta, exceto pela recusa das pessoas de Nazaré em ouvi-lo, seguindo a leitura das palavras aqui registradas. Conforme determinado pelo evangelista, elas não correspondem a nenhum dos diferentes originais das versões modernas e em grego, o que, por si só, deve ser suficiente para acabar com a noção espiritualmente grosseira de inspiração verbal das Escrituras

O ponto no qual o Senhor interrompe sua leitura é sugestivo: ele fecha o livro, sem ler as palavras "e o dia da vingança do nosso Deus" ou, como na Septuaginta, "o dia da retribuição": a vingança é uma coisa tão santa quanto seu amor, sim, é amor, pois Deus é amor e Deus não é vingança; mas, aparentemente, o Senhor não cederia espaço à palavra durante o anúncio de sua missão: seus ouvintes não a reconheceriam como uma forma de amor do Pai, mas como uma vingança sobre seus inimigos, não como uma vingança sobre o egoísmo de quem não quisesse ser responsável por seu irmão.

Ele não tinha começado com Nazaré, nem com a Galileia. "Nenhum profeta tem honra em sua própria terra", disse ele, e começou a ensinar onde mais provavelmente seria ouvido. É verdade que ele operou seu primeiro milagre em Caná, mas foi a pedido de sua mãe, não por intenção própria, e ele não começou seu ensino lá. Jesus foi primeiro a Jerusalém, expulsou os compradores e vendedores do templo e fez outras coisas notáveis aludidas por João; depois voltou para a Galileia, onde seus antigos vizinhos, tendo visto as coisas que ele fizera em Jerusalém, estavam agora preparados para ouvi-lo. Destes, os nazarenos, a quem Jesus lhes era mais familiar, foram os que mais demonstraram-lhe preconceito: Jesus pertencia à própria cidade deles! Eles o conheciam desde criança! — e, de fato, são considerados inferiores aqueles cuja familiaridade com quem é exaltado e verdadeiro

JESUS E SEUS COMPATRIOTAS

gerà desprezo! Eles já estavam julgados. Todavia, tal era a fama do novo profeta que até mesmo eles dispuseram-se a ouvir o que Jesus tinha a lhes dizer na sinagoga — e determinar assim, por si, que direito Jesus tinha a uma recepção honrosa. Mas o olhar de seus julgamentos não era único, pois seus corpos estavam cheios de trevas. Se Nazaré realmente provasse, para sua satisfação autoglorificante, ser a cidade do grande Profeta, eles mais do que estariam dispostos a agarrar a fama de tê-lo produzido: ele era, de fato, o grande Profeta e, em poucos minutos, tê-lo-iam matado pela honra de Israel. Na pessoa desprezível, até mesmo o amor por seu país participa amplamente do desprezível.

Durante a expulsão dos negociantes desonestos do templo, local onde o Senhor iniciou sua missão, houve uma sombra da vingança sem ira de Deus: essa foi sua primeira parábola a Jerusalém; a Nazaré, ele veio com as palavras mais doces do profeta da esperança — boas-novas de grande alegria, cura, visão e liberdade; seguido pelo anúncio divino de que ele viera cumprir o que o profeta havia prometido. Seu coração, seus olhos, seus lábios, suas mãos — todo o seu corpo estava cheio de presentes para os seres humanos e, naquele dia, aquela Escritura cumpriu-se aos seus ouvidos. A profecia antes dizia que ele deveria salvar seu povo de seus pecados; Jesus trouxe um anúncio que eles entenderiam melhor: veio, disse-lhes, para livrar os seres humanos da tristeza e da dor, da ignorância e da opressão, tudo o que torna a vida difícil e hostil. Que discurso clemente, que promessa ousada a um mundo cercado de tirania e injustiça! Eu imagino que para as mulheres de lá soou com tamanha doçura, despertando-lhes as maiores esperanças. Elas mal tinham começado a ouvir para que o Senhor viera; e as coisas já começaram a se restabelecer nelas e ainda estão se restabelecendo, pois o Senhor está e continuará a operar. Ele é o refúgio dos oprimidos. Ele está libertando o mundo do pecado e da infelicidade

63

por seus próprios infortúnios, como pelo mais amargo remédio. Nessa mesma hora, ele está curando sua doença, cujos sintomas são tão variados e dolorosos; trabalhando não menos fielmente que o doente que clama contra a incompetência de seu médico tomando os sintomas da doença. "Que poder pode curar o coração quebrantado?", eles gritam. E, de fato, é preciso um Deus para fazer isso, mas o Deus está aqui! Em palavras ainda melhores do que as do profeta, ditas diretamente de seu próprio coração, ele clama: "Venham a mim, todos os que estão cansados e sobrecarregados, e eu darei descanso a vocês" (Mateus 11:28) Ele chama a si cada coração, conhecendo sua própria amargura, fala à consciência perturbada de cada filho do Pai. Ele veio nos libertar de tudo o que torna a vida menos do que a bem-aventurança essencial. Nenhum outro poderia ser um evangelho digno do Deus dos homens.

Cada um, presumo, confessará mais ou menos infelicidade. Sua fonte aparente pode ser esta ou aquela; sua fonte real é, para usar uma figura deficiente, um deslocamento da junção entre a vida criada e a vida criadora. Este mal primordial é o pai dos males incontáveis, portanto de numerosas infelicidades, sob o peso do qual o ser humano arrogante grita contra a vida e continua a abusar dela, enquanto o filho olha ao redor em busca de ajuda — e quem o ajudará senão seu Pai? O Pai está com ele o tempo todo, mas pode demorar até o filho reconhecer-se em seus braços. Seu coração pode, por muito tempo, ser perturbado, assim como sua vida exterior. As névoas úmidas de pensamentos duvidosos podem fechar-se em torno de seu caminho e esconder-lhe a Luz do mundo! Os ventos frios do deserto do esforço frustrado podem golpear dolorosamente e desalentar, por um tempo, sua esperança; mas, de vez em quando, a promessa azul de um grande céu romperá as nuvens sobre sua cabeça; e uma tênue aurora caminhará em seu mais escuro leste. Aos poucos, ele se

tornará mais capaz de imaginar um mundo no qual é possível
se concretizar tudo de bom que ele possa imaginar. O melhor
de tudo é que a história daquele que é mesmo as boas-novas, o
evangelho de Deus, tornar-se-á não apenas cada vez mais crí-
vel para seu coração como cada vez mais ministrante para sua
vida de conflito, bem como sua garantia de um Pai vivo que ouve
quando seus filhos choram. O evangelho de acordo com este ou
aquele expositor pode repeli-lo indizivelmente; o evangelho segundo Jesus Cristo o atrairá sobremaneira e sempre permanecerá
onde o atraiu. Ao sacerdote, ao escriba, ao ancião, exclamando
contra sua autossuficiência em recusar o que eles ensinavam,
o filho responde: "É vida ou morte para mim. Seu evangelho, eu
não posso aceitar. Acreditar, como você quer que eu acredite, seria perder meu Deus. Para mim, seu Deus não é Deus. Eu não o
desejo. Eu prefiro morrer a morte a acreditar em tal Deus. Em
nome do Deus verdadeiro, eu afasto o seu evangelho; não é ume-
vangelho, e crer nele seria fazer mal àquele em quem só está
minha esperança".

"Mas acreditar em tal pessoa", ele poderia continuar, "com
tal mensagem, conforme li no Novo Testamento, é vida dentre
os mortos. Eu me rendi para não mais viver na ideia de mim,
mas com a vida de Deus. Confio, a ele, a criatura que ele fez,
para que possa viver nela e solucionar sua vida — desenvolvê-
-la, em sua própria mente criadora, de acordo com a ideia dela.
Eu me ajusto em seus caminhos por mim. Eu acredito nele. Eu
confio nele. Tento obedecê-lo. Procuro me tornar capaz e receber uma visão pura de sua vontade, da liberdade da prisão de
minha limitação, da escravidão de uma existência finita. Pois o
finito que mora no infinito e no qual mora o infinito não é mais
finito. Aqueles que são, portanto, filhos de fato, são pequenos
deuses, a geração divina do Pai infinito. Nenhuma promessa de libertação das consequências do pecado seria qualquer

evangelho para mim. Menos do que a liberdade de um coração santo, menos do que a liberdade do próprio Senhor, nunca satisfará uma alma humana. Pai, liberta-me na glória de tua vontade, para que eu só queira como tu queres. Tua vontade é, ao mesmo tempo, tua e minha perfeição. Somente tu és a libertação — segurança absoluta de todas as causas e de todos os tipos de problemas que já existiram, existem ou poderão algum dia existir em teu universo."

Porém o povo da cidade do Senhor, a quem ele leu, apropriando-se delas, das graciosas palavras do profeta, eram os sábios e os instruídos de seus dias. Com o mesmo fôlego, pareceram gritar: "Essas coisas são boas, é verdade, mas devem vir depois de nossos costumes. Devemos ter a promessa a nossos pais cumprida — de governar o mundo, como os escolhidos de Deus, os filhos de Abraão e Israel. Queremos ser um povo livre, administrar nossos próprios negócios, viver com abundância e fazer o que quisermos. Somente a liberdade pode curar as desgraças de que fala. Não precisamos ser melhores; estamos suficientemente bem. Dê-nos riquezas e honra e mantenha-nos contentes com nós mesmos para que possamos estar satisfeitos com nossa própria semelhança e você será o Messias". Talvez essas nunca sejam as palavras ditas pelos seres humanos, mas a condição predominante de suas mentes pode muito bem tomar forma em tal linguagem. Onde eles fundamentarão sua reclamação, caso Deus lhes dê o desejo de seus corações? Quando o desejo que lhes foi dado se aproxima deles com uma sensação de escravidão torturante; quando eles descobrem que o que imaginaram como vontade própria foi apenas uma sugestão que eles não sabem de onde partiu; quando eles descobrem que a vida não é boa, mas não podem ainda morrer; não se voltarão e implorarão então a seu Criador que os salve à sua maneira?

JESUS E SEUS COMPATRIOTAS

Procuremos compreender a narrativa breve e elíptica do que aconteceu na sinagoga de Nazaré por ocasião do anúncio de nossa missão por nosso Senhor.

"Hoje", disse Jesus, "se cumpriu a Escritura que vocês acabaram de ouvir"; e continuou com sua conversa divina. Ainda saberemos, creio eu, quais eram "as palavras de graça que saíam de seus lábios": certamente alguns que as ouviram ainda se lembram delas, pois "todos falavam bem dele e estavam admirados" delas! Como eles deram testemunho dele? Certamente não só pela intensidade de seus olhares maravilhados! O narrador não deve ter querido dizer que seus corações davam testemunho do poder de sua presença, que sentiam a atração de sua alma à deles, que diziam em si mesmos: "Ninguém jamais falou da maneira como esse homem fala"? A luz da verdade em sua face, vista por aqueles que não conheciam a verdade, não deveria ter elevado suas almas para a verdade? Não era o algo verdadeiro, comum a todos os corações, que dava o maravilhoso testemunho da graça de suas palavras? Essas palavras não haviam encontrado um caminho para o ser humano puro, isto é, o divino nos seres humanos? Não foi por isso, portanto, que foram atraídos por ele — quase prontos a aceitá-lo — em seus próprios termos, infelizmente, não nos dele? Por um momento, o Senhor lhes pareceu um verdadeiro mensageiro, mas a verdade nele não era verdade para eles: se o Senhor fosse o que pensavam, não teria sido nenhum salvador. No entanto, eles foram bem-dispostos para com ele, embora em parte por engano, e foi, com um sentimento crescente de serem honrados em decorrência de sua relação com ele e pela propriedade que tinham nele, que disseram: "Não é este o filho de José?".

Todavia, o Senhor sabia o que havia em seus corações; ele conhecia a falsa noção com a qual estavam quase prontos a se declararem por ele; Jesus conhecia também a prova final com a qual eles estavam, em sua sabedoria e prudência, para sujeitá-lo. Ele não parecia ser um profeta, visto que havia crescido entre eles e nunca demonstrara qualquer credencial: eles tinham o direito de ter uma prova positiva! Tinham ouvido falar de coisas maravilhosas que ele fizera em outros lugares: por que não haviam sido feitas, antes de tudo, às suas vistas? Quem tinha uma reivindicação igual às deles? Quem era tão capaz como eles de julgar sua missão, seja ela falsa ou verdadeira: não o conheciam desde a infância? Suas palavras eram gentis, mas nada significavam: ele precisava fazer alguma coisa — algo maravilhoso! Sem essa prova conclusiva e satisfatória, Nazaré pelo menos nunca o reconheceria!

Eles estavam prontos para a honra de ter um profeta verdadeiro, não parecia impossível ser o filho de José, reconhecido como compatriota, alguém de seu próprio povo: se ele fosse um profeta, deles seria o mérito de tê-lo criado! Então estavam, de fato, prontos para dar testemunho dele, defendê-lo, assumir sua causa antes que o mundo se levantasse por ele! Quanto ao fato de ser ele o Messias, isso parecia absurdo: não conheciam todos a seu pai, o carpinteiro? Ele poderia, entretanto, ser o profeta que tantos dos melhores da nação estavam esperando no momento! Deixe-o fazer algo maravilhoso!

Eles não eram um povo gracioso ou bom. O Senhor viu os pensamentos deles, e estavam longe de ser como os seus. Ele não desejava aquela recepção, pois os pensamentos ali estavam voltados para vê-lo como um profeta. Suas obras poderosas não tinham sido feitas para pessoas como aquelas — para convencê-las do que eram incapazes de compreender ou acolher! Aqueles que não eram capazes de acreditar sem sinais e maravilhas não seriam nunca capazes de acreditar dignamente frente a qualquer um deles, portanto nenhum deveria ser-lhes dado! Suas obras poderosas tinham a finalidade de despertar

JESUS E SEUS COMPATRIOTAS

o amor e fortalecer a fé dos humildes e simples de coração, daqueles que estavam prontos para vir para a luz e mostrar que eram da luz. O Senhor sabia quão pobre era o significado que os nazarenos atribuíam às palavras que lera; que baixas expectativas tinham do Messias quando mais ansiavam por sua vinda. Eles não ouviram o profeta enquanto ele lia o profeta! À vista de algumas pequenas maravilhas, nada para o Senhor, mas que, para eles, seriam suficientes a ponto de provar que o Messias era quem esperavam, eles explodiriam em alta aclamação e correriam para seus braços, seus oficiais e soldados ansiosos para abrir a única campanha triunfante contra os malditos romanos e varrê-los para além das fronteiras de seu país santo. Seu Messias faria de sua nação os redimidos do Senhor, eles próprios os favoritos de sua corte e os tiranos do mundo! Os pecados não estavam em seus corações, nem em suas imaginações, nem em seus pensamentos. Eles ouviram-no ler sua comissão para curar os corações quebrantados, mas se apressariam em partir corações em seu nome. O Senhor conhecia-os, bem como suas vãs expectativas. Ele não teria tais seguidores — nenhum seguidor sobre falsas concepções —, nenhum seguidor a quem maravilhas agradariam, mas não seriam melhores de forma alguma! Os nazarenos ainda não eram do tipo que precisava somente de uma mudança para se tornarem seu povo. Ele tinha vindo para ajudá-los; até que aceitassem sua ajuda, eles não teriam nada para lhe dar.

Como prova de sua missão, o Senhor nunca fez uma obra poderosa; para ajudar a aumentar a fé em si e em seu Pai, ele faria qualquer coisa! Ele curou aqueles cuja cura atuaria em mais profundidade — aqueles em quem o sofrimento havia feito sua obra, para que sua remoção também fosse levada adiante. Ele não manifestaria seu poder para os nazarenos; eles não estavam em condições de se beneficiar de tal manifestação: isso apenas confirmaria sua atual arrogância e ambição. Obras maravilhosas só podem nutrir uma fé já existente; para aquele que acredita sem ela, um milagre pode ser concedido. Na verdade, foi o israelita, a quem o Senhor concedeu um milagre: "Você crê porque eu disse que o vi debaixo da figueira... Vocês verão o céu aberto e os anjos de Deus subindo e descendo sobre o Filho do homem" (João 1:50-51). Aqueles que o ridicularizaram não foram autorizados a assistir à ressurreição da filha de Jairo. Pedro, quando quis andar sobre as águas, teve permissão e poder para fazê-lo. A viúva recebeu o profeta e foi alimentada; o sírio se direcionou ao profeta e foi curado. Em Nazaré, por causa da incredulidade, o Senhor só pôde impor as mãos sobre alguns enfermos; no resto, não havia nenhuma inclinação para a verdade, a única capaz de abrir espaço para a ajuda de um milagre. Isso eles logo demonstraram.

O Senhor viu que o desafiariam a mostrar seu poder e antecipou o desafio com uma recusa.

Para melhor compreensão de suas palavras, pretendo parafraseá-las: "É claro que vocês me citarão este provérbio: 'Médico, cura-te a ti mesmo!', exigindo de mim que eu prove o que foi dito sobre mim em Cafarnaum, ao fazer o mesmo aqui; mas há outro provérbio: 'Nenhum profeta é aceito em sua terra'. Não sendo aceito, não faço maravilhas. Na grande fome, Elias não foi enviado a nenhuma das muitas viúvas em Israel, senão a uma sidônia; e Eliseu não curou nenhum dos muitos leprosos em Israel, senão Naamã, o sírio. Há aqueles que estão aptos a ver sinais e maravilhas; nem sempre são o povo do profeta".

Os nazarenos ouviram com indignação. O assombro por suas palavras graciosas foi transformado na mais amarga ira. As vigas de sustentação de sua horrenda religião eram o espírito faccioso, a exclusividade e o orgulho com base no favor que imaginavam seria prestado por Deus somente para eles, dentre todas as nações: e insinuar a possibilidade de uma revelação da glória

JESUS E SEUS COMPATRIOTAS

de Deus a um estranho... muito mais, insinuar que um estranho poderia ser mais apto a receber tal revelação do que um judeu consistia em uma ofensa que chegava ao pior insulto; e eles foram insultados por um homem comum de sua própria cidade! "Você não passa de um filho de carpinteiro, e quer nos ensinar? Você se atreve a sugerir uma preferência divina por Cafarnaum em vez de Nazaré?" Detestado pelo resto de seus compatriotas, eles eram os mais orgulhosos.

A sinagoga *inteira*, observe, levantou-se em fúria. Tal sujeito um profeta? Ele era pior do que o pior dos gentios! Ele era um falso judeu! Um traidor de seu Deus! Um amigo dos romanos adoradores de ídolos! Fora com ele! Seus compatriotas, por conta própria, lideraram a frente em sua rejeição. As pessoas de Nazaré teriam evitado sua crucificação pelas de Jerusalém. O quê?! Uma mulher sidônia mais preparada para receber o profeta do que qualquer judia? Uma pagã mais digna de ser mantida viva por milagres em tempos de fome do que um adorador do Deus verdadeiro? Um leproso de Damasco menos desagradável a Deus do que os leprosos de seu povo escolhido? Já não era a aprovação condescendente que brilhava em seus olhos. Ele é um profeta! Eles tinham visto através dele! Logo eles o descobriram! No momento em que percebeu que era inútil apresentar-se como um profeta para eles, que sempre souberam o tipo de pessoa que ele era, começou a insultá-los! Ele não se atreveu a tentar, em sua própria cidade, os engodos com os quais, com a ajuda de Satanás, havia feito um show tão grandioso e enganado os idiotas de Cafarnaum! Ele viu que eles o conheciam muito bem, estavam muito alertas para serem enganados por ele e, para evitar o desafio esperado, começou a insultar a nação santa. Que ele assuma as consequências! Levem-no para o cume da colina!

Como poderia haver milagre para tais? Eles estavam bem contentes consigo mesmos, e quase ninguém vê milagres, mas desgraça.

71

A ESPERANÇA DO EVANGELHO

A necessidade e o olhar para cima, a disposição pronta para crer quando e onde puder, a fé embrionária são caras àquele cujo amor nos faz confiar nele. Se alguém buscá-lo — sem indagar curiosamente se sua história é ou não verdadeira, mas em humilde prontidão para aceitá-lo por inteiro —, ele o encontrará; não deixaremos de ser ajudados a acreditar porque duvidamos. Contudo, se o questionamento for tamanho a ponto de a dispersão de sua dúvida somente deixá-lo em desobediência, o Poder da verdade não se interessará em efetuar sua convicção. Por que expulsar um demônio para que a pessoa possa fazer melhor a obra do demônio? A dúvida pueril, à medida que suaviza e cede, ministra nutrição com tudo o que há de bom para o germe da fé em seu coração; a descrença sábia e prudente será deixada para desenvolver sua própria desgraça. O Senhor poderia facilmente ter convencido os nazarenos de que ele era o Messias: eles teriam apenas se endurecido no núcleo de um exército para a subjugação do mundo. Para a guerra contra seus próprios pecados, para a subjugação de seus atos e desejos à vontade do grande Pai, todos os milagres em seu poder nunca os teriam persuadido. Não é possível convencer verdadeiramente corações e mentes como os deles. Não só é impossível para uma pessoa inferior acreditar na milésima parte do que uma nobre acredita, como também não consegue acreditar em nada do mesmo modo que uma nobre. As pessoas de Nazaré poderiam ter acreditado em Jesus como seu salvador dos romanos; porém, não podiam crer nele como salvador de seus pecados, pois amavam seus pecados. O Rei do céu veio oferecer-lhes uma parte em seu Reino; mas não eram pobres em espírito, e o Reino dos céus não era para eles. Eles teriam herdado a terra de bom grado; mas não eram humildes, e a terra era para os simples filhos do Pai perfeito.

OS HERDEIROS DO CÉU E DA TERRA

E ele começou a ensiná-los, dizendo: "Bem-aventurados os pobres em espírito, pois deles é o Reino dos céus [...] Bem-aventurados os humildes, pois eles receberão a terra por herança".

Mateus 5:2-3,5

As palavras do Senhor são a semente lançada pelo semeador. Elas devem cair em nossos corações para que possam crescer. A meditação e a oração devem regá-las, e a obediência mantê-las à luz do sol. Assim, elas darão frutos para a reunião do Senhor.

Aqueles de seus discípulos, isto é, ouvintes obedientes, que tiveram alguma experiência em tentar viver, iriam, em parte, entendê-las imediatamente; mas à medida que obedeciam e ponderavam, o significado continuava crescendo. Vemos isso nos escritos dos apóstolos. O mesmo acontecerá conosco, que precisamos entender tudo o que ele disse, nem mais nem menos do que aqueles a quem primeiro falou; embora nossa obrigação de compreender seja muito maior do que a deles na época, visto que tivemos quase dois mil anos de experiência da contínua vinda do Reino que ele então pregou: este Reino ainda não chegou; mas esteve sempre vindo e agora aproxima-se lentamente.

O Sermão da Montanha, como é comumente chamado, parece a primeira declaração aberta do Senhor sobre as boas-novas do Reino diante de uma grande assembleia qualquer. Ele havia ensinado seus discípulos e mensageiros; e já trouxera as boas-novas de que seu Pai era Pai deles para muitos outros — para Natanael, por exemplo, para Nicodemos, para a mulher de Samaria, para todos que ele havia curado, para cada um cujo grito de socorro ele ouvira; sua epifania foi uma coisa gradual, começando, onde continua, com o indivíduo. É impossível até mesmo adivinhar o número de pessoas que podem tê-lo ouvido naquela naquela ocasião: ele parece ter subido ao monte por causa da multidão — para assegurar uma posição mais ampla, de onde ele poderia falar melhor; e para lá o seguiram aqueles que desejavam ser ensinados por ele, acompanhados, sem dúvida, por um número não pequeno de pessoas cuja curiosidade era o motivo principal. Discípulo ou contemplador, ele se dirigiu à individualidade de cada um com ouvidos para ouvi-lo. Pedro e André, Tiago e João são os que conhecemos como seus discípulos, seguidores e companheiros reconhecidos na época; mas, enquanto suas palavras dirigiam-se aos que vieram a ele desejando aprender, o que foi proferido consistia em verdades eternas, vida essencial para cada um dos filhos de seu Pai, portanto suas palavras eram para todos: quem ouvia com a intenção de obedecer era seu discípulo.

Ao primeiro som das palavras, quão diferentes devem ter sido as boas-novas daquelas ansiosamente esperadas por aqueles que aguardavam o Messias! Até João Batista, na prisão, ouvira algo diferente do que esperava. O Senhor teve de enviar-lhe uma mensagem, por testemunhas oculares de seus feitos, para lembrá-lo de que os pensamentos de Deus não são como os nossos, assim como também não o são seus caminhos — o desígnio de Deus é outro e melhor do que a expectativa dos seres humanos. O resumo dos presentes que o Senhor estava distribuindo aos seres humanos culminou na pregação das boas-novas aos pobres. Se João Batista conhecesse esses seus feitos antes, não os teria reconhecido como pertencentes à missão especial do Senhor: o Senhor lhe diz que não basta tê-lo aceitado como o Messias; João Batista deve reconhecer seus feitos como a obra que o Senhor veio executar no mundo, e a natureza tão divina delas a ponto de constituírem o próprio assunto do Filho de Deus em quem o Pai se agradava.

Em que consistia, então, a bondade das novas proferidas por sua boca? O que havia nelas para alegrar os pobres? Por que a chegada dele com essas palavras em seu coração e em sua boca consistiu na vinda do Reino?

Todas as boas-novas do céu são verdadeiras — verdades essenciais, envolvendo dever, bem como fornecendo e prometendo ajuda para cumpri-las. Não pode haver boas-novas para nós, seres humanos, exceto de um amor que ascende, e ninguém pode ser elevado se não se levantar. Se o próprio Deus procurasse criar seus filhos sem esforço voluntário deles, estes desistiriam de sua empreitada frustrada. Ele nos carregará em seus braços até que possamos andar; ele nos carregará quando estivermos cansados de caminhar; ele não nos carregará se não andarmos.

Muito diferentes são as boas-novas trazidas por Jesus de certas representações predominantes do evangelho, fundadas na noção pagã de que o sofrimento é uma compensação pelo pecado e que culminam na vil afirmação de que o sofrimento de uma pessoa inocente, apenas por ser inocente, sim, perfeita, é uma satisfação para o santo Pai em virtude das más ações de seus filhos. Como teoria sobre a expiação, nada poderia ser pior intelectual, moral ou espiritualmente; anunciada como o próprio evangelho, como as boas-novas do Reino dos céus, a ideia, assim como qualquer dragão chinês, é monstruosa. O então chamado "evangelho" não se trata do evangelho, embora seja aceito como enviado de Deus por boas pessoas de certa evolução. São más novas que ofuscam, escravizam, enlouquecem — novas para o coração de filho da mais terrível condenação. Sem dúvida, alguns elementos do evangelho são confundidos, na maioria das ocasiões de seu anúncio, com as novas; elas nem mesmo representam a mensagem recebida de Jesus. Podem ser boas-novas apenas para aqueles que estão prudentemente dispostos a ser libertos de um Deus que temem, mas incapazes de aceitar o evangelho de um Deus perfeito, em quem confiar perfeitamente.

As boas-novas de Jesus consistiam apenas nas novas dos pensamentos e caminhos do Pai em meio à sua família. O Senhor lhes disse que o que os seres humanos pensavam sobre si e seus filhos não era o que Deus pensava sobre si e seus filhos; que o Reino dos céus foi fundado e deve, finalmente, mostrar-se fundado em princípios muito diferentes daqueles dos reinos e das famílias do mundo, significando, pelo mundo, aquela parte da família do Pai que não será dominada por ele, nem mesmo tentará obedecê-lo. A pessoa do mundo, o grande, o bem-sucedido e honrado sujeito, é aquele que pode ter e fazer o que lhe agrada, cuja força está no dinheiro e no louvor dos outros; já o maior no Reino dos céus é a pessoa mais humilde e que serve ao próximo. Multidões de pessoas, não consideradas em nenhum grau ambiciosas ou orgulhosas, consideram com honra o ambicioso e orgulhoso e, por toda libertação, mantêm a esperança de ter alguma sombra de sua prosperidade. Quantos, mesmo dentre os que buscam o mundo vindouro, procuram os poderes deste mundo para a libertação de seus males, como se Deus consistisse apenas no Deus do mundo vindouro! Os oprimidos da época do Senhor esperavam um Messias para libertar sua nação e torná-la rica e forte; os oprimidos de nosso tempo acreditam no dinheiro, no conhecimento e na vontade de um povo que precisa apenas de poder para ser, por sua vez, o opressor. As primeiras palavras do Senhor, nesta ocasião, foram: "Bem-aventurados os pobres em espírito, pois deles é o Reino dos céus" (Lucas 6:20).

Não são os orgulhosos nem os gananciosos por distinção, não são aqueles que juntam e acumulam nem os que impõem regras ao próximo, não são aqueles que condescendem nem os que dão de ombros fazendo beicinho em sinal de desprezo, que têm alguma participação no Reino do Pai. Esse Reino não se relaciona ou se assemelha com os reinos deste mundo, não trata de nada que distinga seus governantes, exceto repudiá-los. O Filho de Deus não favorecerá a menor ambição, mesmo no coração de seu companheiro mais íntimo. O Reino de Deus, o refúgio dos oprimidos, a idade de ouro do novo mundo, a verdadeira Utopia, a mais nova e mais antiga Atlântida, o lar dos filhos, não abrirá suas portas para os mais desgraçados que se elevarão acima de seus iguais na desgraça, que desprezam alguém mais desgraçado do que eles mesmos. Lá é o lar de uma fraternidade perfeita. Os pobres, os mendigos em espírito, os homens humildes de coração, os pouco ambiciosos, os altruístas; aqueles que nunca desprezam os seres humanos ou tampouco buscam seus elogios; os simples, que nada veem para admirar em si mesmos e, portanto, não buscam ser admirados pelos outros; aqueles que se entregam — essas são as pessoas livres do Reino, essas são as cidadãs da Nova Jerusalém. Aqueles que estão cientes de sua pobreza essencial; não os que são pobres de amigos, pobres em influência, pobres em posses, pobres em dinheiro, mas aqueles que são pobres em espírito, que se sentem pobres criaturas; que não sabem de nada que os tornem satisfeitos consigo mesmos e nada desejam que os faça pensar bem de si próprios; que sabem que precisam muito para fazer sua vida valer a pena, para fazer de sua existência uma coisa boa, para torná-los aptos para viver; esses humildes são os pobres que o Senhor chama de bem-aventurados. Quando alguém diz: "Sou humilde e sem valor", então a porta do Reino começa a se abrir para ele, pois ali entra a verdade, e essa pessoa começou a conhecer a verdade a respeito de si mesma. O que quer que essa pessoa tenha alcançado, esquece-se imediatamente; é parte dela e ficou para atrás; seu negócio é com o que não tem, com as coisas que estão acima e diante dela. Aquele que se orgulha de tudo que pensa ter alcançado, não alcançou. Ele está apenas orgulhoso de si e imaginando uma causa para seu orgulho. E se a tivesse alcançado, já teria começado a se esquecer. Aquele que se deleita em contemplar o que alcançou, não está apenas se desviando; está na sujeira da autossatisfação. A porta do Reino está fechada, e ele permanece do lado de fora. O filho que, agarrando-se ao Pai, não ousa pensar que tenha alcançado, de forma alguma, algo enquanto não for ainda como seu Pai — o coração de seu Pai, o céu de seu Pai é seu lar natural. Descobrir-se pensando em si como acima de seus semelhantes seria um terror estremecedor para esse filho; seu universo contrair-se-ia em torno dele, seu ideal murcharia em seu trono. O menor movimento de autossatisfação, o primeiro pensamento de se colocar em destaque seria, para ele, um lampejo do abismo inferior. Deus é sua vida e seu Senhor. Seu cuidado deve voltar-se todo para o fato de seu Pai estar contente com ele. Entre suas relações com o próximo, infinitamente preciosas, a comparação com o próximo não tem lugar. Não tem importância quem é o maior. Ele não escolheria ser menos que seu próximo; escolheria seu próximo para ser maior do que ele, pois admira cada pessoa. Mais talentoso, seu próximo torna-se mais do que ele. Tudo vem de um Pai poderoso: ele deve julgar os pensamentos vivos de Deus, qual é maior e qual é menor? Ao negar-se assim, virando as costas para si, ele não tem nenhum pensamento sobre santidade senão em seu Pai e seus irmãos. Para tal filho, os melhores segredos do céu estão abertos. Ele sobe ao redor do trono do Pai sem repreensão; suas costas estão prontas para o menor companheiro de brincadeira celestial; seus braços constituem um refúgio aberto para qualquer filhinho mais desgarrado do rebanho do Pai; ele trabalhará arduamente com seu próximo para subir a escada celestial, subindo os próprios degraus do grande trono branco para colocá-lo sobre os joelhos do Pai. A glória desse Pai não está em conhecer a si mesmo como Deus, mas em se entregar — em criar, redimir e glorificar seus filhos.

A pessoa que não abriga a si mesma tem espaço para ser o que verdadeiramente é — a ideia eterna de Deus a respeito dela. Essa pessoa vive eternamente; em virtude do poder criativo presente nela com a criação momentânea e desimpedida, ela é. Como deveria haver nela o pensamento de governar, comandar ou suplantar? Ela não consegue imaginar nenhuma felicidade, nenhum bem, em ser maior do que outra pessoa. Ela é incapaz de desejar ser diferente do que é, exceto tornar-se melhor para o que Deus a criou, que consiste de fato na mais alta vontade de Deus. O bem-estar de seu irmão é essencial para sua felicidade. O pensamento de ser mais favorecida por Deus do que seu irmão deixá-la-ia infeliz. Ela elevaria cada irmão ao abraço do Pai. Bem-aventurados os pobres em espírito porque são do mesmo espírito que Deus e, por natureza, o Reino dos céus é deles.

"Bem-aventurados os humildes, pois eles receberão a terra por herança" (Mateus 5:5), expressa o mesmo princípio: a mesma lei vale na terra como no Reino dos céus. Como deveria ser de outra forma? Teria o Criador dos confins da terra deixado de governá-la à sua maneira porque seus filhos rebeldes há tanto tempo, para seu próprio prejuízo, em vão esforçam-se por governar a terra ao modo deles? O Reino dos céus pertence aos pobres; os humildes herdarão a terra. A terra como Deus a vê, e como também é vista pelas pessoas a quem o Reino dos céus pertence, é boa, totalmente boa, muito boa, própria para os humildes herdarem; e um dia eles a herdarão — não como as pessoas do mundo consideram a herança, mas como o Criador e dono do mundo desde o início considerou-a. Tão diferentes são as duas maneiras de herdar, que um dos humildes pode estar desfrutando de sua posse de todo coração, enquanto um dos orgulhosos está egoisticamente mantendo-a longe do lugar que ele mais ama.

Os humildes são aqueles que não se impõem, não se defendem, nunca sonham em se vingar ou em retribuir qualquer coisa que não seja o mal com o bem. Eles não imaginam que devam cuidar de si próprios. O humilde pode realmente pensar muito, mas não será em si. Eles não constroem um muro de exclusão e, então, excluem qualquer próximo honesto. Eles nem sempre atenderão o desejo, mas sempre o bem do próximo. Seu serviço deve ser verdadeiro. Eles não serão os árbitros em seus próprios assuntos. A consciência do ser humano de si próprio consiste apenas em uma sombra: a pessoa humilde sempre desaparece à luz de uma presença real. Sua natureza está aberta ao Pai dos seres humanos, e todo bom

OS HERDEIROS DO CÉU E DA TERRA

impulso é como se vazio. Nenhuma importância irritante nem participação vã em acertos e erros imaginários guardam sua porta ou impedem as passagens de sua casa; que servem para os anjos irem e virem. Abandonadas assim à verdade, à medida que as fagulhas do rio cintilante mergulham nas flores da visão imperfeita de Dante[1], muitas almas do mundo visível, luzes do Pai das luzes, entram livremente em seu coração; e, por elas, a pessoa herda a terra à qual foi criada para herdar — possui a terra como seu Pai tornou-a capaz de possuir, e a terra de ser possuída. Como a pessoa é humilde, seu olhar consiste em um só; ela vê as coisas como Deus as vê, como gostaria que seu filho as visse: encarar a criação com olhos puros é possuí-la.

Quão pouco é capaz de fazer algo seu aquele que pega tudo para si! A pessoa que exclui outros do espaço que chama de seu, engana-se ao tentar apoderar-se de qualquer porção da terra. O próprio pão que ela engoliu não pode, em nenhum sentido real, pertencer a ela. Não existe tal capacidade de possuir, do qual ela se arrogaria. Não existe a sensação de possuir tal qual aquela concebida à sombra de sua imaginação degenerada e decadente. O verdadeiro dono de sua propriedade é aquele vendedor ambulante que cruza a porta, tornando-se uma alma divina que recebe as doçuras, e nem toda a ganância daquele que se considera possuidor seria capaz de limitá-lo dentro de suas paredes: elas transbordam para se entregarem ao andarilho. Os movimentos do ar, os sons, os odores dos espaços aprisionados constituem o penhor de uma posse por meio da qual o seu poder de possuir cresce. De forma alguma essa herança interferirá nas reivindicações do indivíduo que os chama de seus. Cada possuidor os possui tanto quanto cada um, à sua maneira, é capaz de possuí-los. Pois a

---

[1] Dante Alighieri (1265 — 1321), escritor, poeta e político florentino, considerado o primeiro e maior poeta da língua moderna italiana. (N. do T.)

posse é determinada pelo tipo e pelo escopo do poder de possuir; e a terra tem uma quarta dimensão da qual o mero dono de seu solo nada sabe.

O filho do Criador é naturalmente o herdeiro. Porém, se o filho tentar tomar como sua casa aquilo que seu Pai transformou em instrumento, conseguiria ele possuí-la? Ou, caso se aninhasse em um canto, seria capaz de expulsar assim o Senhor de sua múltipla harmonia, sentando-se reinante na cadeira de balanço e extraindo da casa do filho, com um "toque suave", a homenagem soberana da fortuna dele? Para a pobreza de tal filho estão todos aqueles que pensam ter e manter as fantasias corruptas de um ego ganancioso.

Não podemos ver o mundo como Deus o deseja, exceto na proporção em que nossas almas são humildes. Em humildade, somos apenas seus herdeiros. Somente a humildade torna a retina espiritual pura para receber as coisas de Deus exatamente como são, sem misturar imperfeições ou impurezas próprias com elas. Algo tão contemplado que transmite, para mim, o pensamento divino emitido em sua forma, é meu; por nada além de sua mediação entre Deus e minha vida, qualquer coisa pode ser minha. Um ser humano, tão estúpido a ponto de insistir que determinada coisa é sua só porque comprou e pagou por ela, deveria pensar melhor e ver que nem todas as forças da lei, da justiça e da boa vontade poderiam mantê-la como sua; ao passo que, nem mesmo a morte poderia tirar o mundo do homem que o tem como o seu único criador e se importa em assim tê-lo. Esse indivíduo deixa o mundo, mas o carrega consigo; o outro carrega consigo apenas a perda dele. O primeiro é incapaz de fechar a mão ou a boca em qualquer lugar do mundo. Sua *posse*, para ele, consistia apenas nas mudanças que ela poderia promover nele e no quanto ela poderia aproximá-las do corpo em que vivia. O mesmo corpo que a terra agora, por sua vez, possui, e que está

OS HERDEIROS DO CÉU E DA TERRA

muito quieto, nada mudando, mas sendo mudado. No que reside a sofisticação do grande proprietário de terras: em ter seu sofisticado prato cheio de sofisticada sujeira? Na alma dos humildes, a terra permanece uma possessão infinita — dele porque aquele que a fez é seu —, seu como nada além de seu Criador poderia ser da criatura. Ele julga a terra por sua relação divina com aquele que fez a terra sair dele, como uma árvore faz sair de si suas folhas. Herdar a terra é crescer cada vez mais vivo para a presença, nela e em todas as suas partes, daquele que é a vida dos seres humanos. Enquanto ainda permanece no corpo, o quão longe alguém pode avançar em tal herança dependerá apenas da humildade que ele alcançará enquanto ainda estiver no corpo; mas pode ser, como Frederick Denison Maurice[2], o servo de Deus, pensou enquanto ainda estava conosco, que os novos céus e a nova terra são os mesmos em que vivemos agora, justamente habitados pelos humildes, com seus mais profundos olhos abertos. E se os humildes dos mortos a possuírem assim mesmo agora! Porém não quero especular. Basta que a pessoa que se recusa a impor-se, não buscando o reconhecimento dos seres humanos, deixando o cuidado de sua vida nas mãos do Pai e ocupando-se com a vontade do Pai, se encontre, aos poucos, na casa do Pai, possuindo todas as propriedades do Pai.

Qual é o mais dono do mundo: aquele que tem mil casas, ou aquele que, sem uma casa para chamar de sua, tem dez nas quais sua batida à porta provocaria alegria instantânea? Qual é o mais rico: aquele que, com sua grande quantidade de dinheiro gasto, não teria refúgio, ou aquele por cuja necessidade cem sacrificariam seu conforto? Qual dos dois possuía a terra: o rei Agripa ou o fabricante de tendas, Paulo?

---

[2] Frederick Denison Maurice (105-1872), teólogo inglês e um dos fundadores do socialismo cristão. (N. do T.)

A ESPERANÇA DO EVÁNGELHO

Qual é o verdadeiro dono de um livro: aquele que tem sua edição original e todas as seguintes e que mostra, para muitos visitantes admirados e invejosos, ora isso, ora aquilo, o acabamento perfeito, com orgulho de dono; que, de um santuário secreto, é capaz de extrair e exibir o manuscrito do autor, com as mesmas formas com as quais seus pensamentos surgiram à luz do dia, ou aquele que cuida de um livro pequeno, com acabamento simples, sem capa, sem título, uma cópia muito folheada, que o leva consigo em seus passeios solitários e medita em seu quarto silencioso, sempre encontrando nele alguma beleza, excelência ou auxílio não percebido antes e que vê, no livro, na verdade, um companheiro vivo?

Pois o que faz de um livro um livro? Não é o fato de ter uma alma, a mente daquele que o escreveu? Portanto, apenas o livro pode ser possuído, pois somente a vida pode possuir a vida. Os mortos possuem seus mortos apenas para enterrá-los.

Aquele que ama e compreende seu livro, não o possui com uma posse que é impossível a outro replicar? Da mesma forma, pode o próprio mundo ser possuído — seja como um volume não lido ou como o vinho de uma alma, "a substância de um espírito superior, recolhida e embalsamada para lhe sobreviver". Pode ser possuído como um livro cheio das palavras proferidas pela boca de Deus ou apenas como as capas fechadas de ouro desse livro; como uma personificação ou encarnação do próprio Deus; ou apenas como uma casa construída para se vender. O Senhor amou o mundo e as coisas que nele há, não como as pessoas do mundo as amam, mas encontrando seu Pai em tudo que vinha do coração de seu Pai.

Então é necessário o mesmo espírito para possuir o Reino dos céus e herdar a terra. Como não poderia ser assim, quando o único Poder é a vida esclarecedora de ambos? Se somos do Senhor, possuímos o Reino dos céus e, portanto, herdamos a terra. Quantos que se chamam pelo nome dele querem que seja diferente: eles possuirão a terra e herdarão o Reino! Estes enchem igrejas e capelas aos domingos: qualquer lugar serve para o culto de Mamom. No entanto, na verdade, tanto a terra quanto o céu podem ser possuídos em grande parte mesmo agora.

Dois homens estão viajando juntos; para um, o mundo cede pensamento após pensamento de deleite; ele vê o céu e a terra se abraçando; sente uma presença indescritível sobre ele e neles; sua alegria irromperá depois, na solidão de seu quarto, em música; para o outro, oprimido com o pensamento de sua pobreza ou ruminando como fazer muito mais, a glória do Senhor é apenas um dia quente de verão; não entra em nenhuma janela de sua alma; não oferece a ele nenhum presente; pois, no próprio templo de Deus, ele não procura por Deus nele. Não precisa haver dois homens para pensar e sentir assim de maneiras diferentes. De que modo diverso qualquer pessoa sujeita a mudanças constantes de humor verá o mesmo mundo do mesmo feliz Criador? Ai dos homens, se isso mudou à medida que mudamos, se ficou sem sentido quando ficamos sem fé! O pensamento voltado para um dia no amanhã que pode nunca chegar, o medo da morte separatória que trabalha por um companheirismo sem fim, a raiva de alguém que amamos, nublarão a manhã radiante e escurecerão o dia com a noite. À noite, tendo pensado em nós mesmos e voltado para aquele que alimenta os corvos e observa o pardal moribundo, diz a seus filhos: "Amem-se uns aos outros", o esplendor do pôr do sol está alegre sobre nós, o céu no Oeste é refulgente como a corte do Pai quando se espalha a boa-nova de que um pecador se arrependeu. Nós choramos no crepúsculo de nossa pequena fé, mas, tendo expulsado nosso pecado, a glória do céu de Deus sobre sua terra escura nos consolou.

TRISTEZA: A PROMESSA DE ALEGRIA

"Bem-aventurados os que choram, pois serão consolados."
MATEUS 5:4

Portanto, luto, tristeza, coração doído, choro não constituem uma parede entre o ser humano e Deus. Estão tão longe de se tornar qualquer obstáculo à passagem da luz de Deus para a alma do ser humano, que o Senhor felicita os que choram. Não há mal na tristeza. É verdade que não se trata de um bem essencial, um bem em si, como o amor; mas se misturará com qualquer coisa boa e está tão ligada ao bem que abrirá a porta do coração para qualquer bem. Mais pessoas tristes do que alegres estão sempre em frente às portas eternas que se abrem para a presença do Altíssimo. É verdade também que a alegria é, em sua natureza, mais divina do que a tristeza; pois, embora o ser humano deva se entristecer, e Deus compartilhar sua tristeza, ainda assim, em si mesmo, Deus não está triste, e o "alegre Criador" nunca fez o ser humano para a tristeza: é apenas um estreito tempestuoso através do qual ele deve passar para seu oceano de paz. Ele "faz a alegria ser a última coisa em cada música". Ainda assim, repito, uma pessoa triste está, em geral, muito mais perto de Deus do que uma pessoa alegre. A alegria pode fazer alguém esquecer sua ação de graças; a desgraça o leva a suas orações. Pois ainda não *somos*, estamos apenas nos *tornando*. O dia interminável finalmente amanhecerá, e cada momento vibrante elevará nossos corações na direção de Deus; dificilmente precisaremos elevá-los; ora, há duas encarregadas dos portões na casa de oração: e a Tristeza está mais pronta para abrir do que sua neta, Alegria.

A criança alegre corre mais longe; a criança ferida volta para casa. Aquele que chora senta-se perto do portão; o Senhor da Vida se aproxima dele a partir de dentro. Deus não ama a tristeza, mas se alegra em ver alguém triste, pois em sua tristeza ele apenas deixa encostada sua porta que leva ao céu, então Deus pode entrar para ajudá-lo. Ele adora, eu digo, ver essa pessoa triste, pois, desse modo, pode se aproximar para separá-la daquilo

TRISTEZA: A PROMESSA DE ALEGRIA

que torna sua tristeza uma visão desejada. Quando Efraim lamenta-se, ele torna-se um filho agradável. A tristeza é um remédio bom, tão poderoso para matar as traças que infestam e devoram o coração humano que o Senhor fica feliz quando vê alguém chorar. Ele o felicita por sua amargura. A dor é uma coisa desagradável, mas ela é a filha do Amor, e seu pai a ama. A promessa aos que choram não é o *Reino dos céus*, mas a de que seu choro acabará e eles serão consolados. Chorar não é lutar com o mal; é apenas perder o que é bom. Não se trata de uma condição celestial essencial, como pobreza em espírito ou humildade. Ninguém levará seu choro consigo para o céu — ou, se o fizer, será rapidamente transformado em alegria ou no que resultará em alegria, a saber, a ação redentora.

O choro é uma flor acometida por uma praga mortal na roseira do amor. Existe algum choro digno desse nome que não tenha o amor por sua raiz? Os seres humanos choram porque amam. O amor é a vida da qual são formados todos os sentimentos naturais, todas as emoções do ser humano. O amor modelado pela fé é esperança; o amor moldado pelo mal é a raiva — verdadeiramente a raiva, embora livre de pecado; o amor invadido pela perda é o luto.

O traje de luto é mais frequentemente uma mortalha; a perda de um ente querido pela morte é a principal causa do choro no mundo. A palavra grega usada aqui para descrever os bem-aventurados do Senhor geralmente significa *aqueles que choram pelos mortos*. Não está no Novo Testamento empregada exclusivamente neste sentido, nem eu imagino que signifique apenas isso: há lutos muito mais dolorosos do que a morte e mais difíceis de confortar — mais difíceis até mesmo para o próprio Deus, para quem todas as coisas são possíveis; mas pode dar um certo prazer saber que a promessa de conforto para aqueles que choram pode se aplicar especialmente àqueles que choram porque seus entes queridos estão fora de sua vista e fora do alcance de seu choro. Sua tristeza, de fato, para o amor divino, não envolve dificuldade; é uma questão pequena, facilmente resolvida. O pai, cujo filho mais velho está sempre com ele, mas cujo filho mais novo está em um país distante, desperdiçando seus bens com uma vida desregrada, é indescritivelmente mais digno de pena e é mais difícil de ajudar do que aquele pai cujos dois filhos estão no sono da morte.

Muito do que se conhece como conforto é simplesmente inútil; e não devo me preocupar em consolar aqueles que podem por ele ser consolados. Deixe o tempo trabalhar para trazer o abrandamento do esquecimento; que a mudança de ares faça o possível para afastar o pensamento daquele que se foi; que novos amores enterrem o luto no túmulo do antigo amor: um consolo desse tipo jamais poderia ter passado pela mente de Jesus. Chamaria, a Verdade, uma pessoa de bem-aventurada porque sua dor iria partir cedo ou tarde, deixando-a, na melhor das hipóteses, não melhor do que antes e certamente mais pobre — não apenas do amado que se foi, mas também da tristeza por ele, bem como da tristeza pelo amor que causou a tristeza? Chamá-la-ia de bem-aventurada de Deus porque foi restaurada à ausência de tristeza? Tal Deus seria apropriadamente adorado apenas onde nenhum coração adoraria em espírito e em verdade.

"O Senhor com certeza expressou", alguém pode dizer, "que o conforto dos enlutados será a restauração do que eles perderam. Ele quer dizer: 'Bem-aventurados são vocês, embora chorem, pois sua tristeza se transformará em alegria'".

Felizes aqueles a quem nada menos do que essa restauração confortará! Porém seria essa restauração conforto suficiente para o coração de Jesus oferecer? Alguma vez, o amor foi tão profundo, tão puro, tão perfeito, a ponto de ser bom o suficiente para ele? E supondo que o amor entre os dois que se separaram tenha sido de tal forma que seria suficiente a mera restauração, no futuro, daquilo que aquela pessoa uma vez teve para proclamá-la agora tão enfaticamente bem-aventurada — ainda que no meio da escuridão de sua perda e sem nada saber sobre a hora de sua libertação? Chamar alguém de *bem-aventurado* em sua tristeza por algo a ser-lhe dado implica certamente algo melhor do que ele tinha antes! É verdade que a alegria do passado pode ter sido tão grande que a pessoa poderia muito bem sentir-se bem-aventurada com a mera esperança de sua restauração; mas seria isso suficiente para a palavra na boca do Senhor? Dificilmente seria um fundamento adequado chamar alguém de *bem-aventurado* porque a interrupção de sua bem-aventurança será apenas temporária. *Bem-aventurado* é uma palavra forte e, na boca de Jesus, significa tudo o que pode significar. Pode o que ele disse aqui significar menos do que: "Bem-aventurado os que choram, pois serão consolados com uma bem-aventurança que valerá a pena toda a dor da tristeza curativa"? Além disso, a bem-aventurança significa com certeza que a pessoa é bem-aventurada por causa de sua condição de luto, não apesar disso. Seu luto certamente constitui uma parte do motivo para o Senhor felicitá-la: não é o meio operante atual pelo qual o consolo está se tornando possível? Em uma palavra, não creio que o Senhor se contentaria em chamar alguém de "bem-aventurado" só por ser restaurado a uma antiga bem-aventurança longe de ser perfeita; acho que ele felicitou os enlutados pela dor sofrida, porque viu a glória do conforto que se aproximava; porque ele conhecia a alegria incomensuravelmente maior para a qual a tristeza, ao mesmo tempo, estava limpando o caminho e conduzindo o enlutado. Quando digo *maior*, Deus me livre de querer dizer *outra*! Refiro-me à mesma bem-aventurança divinamente ampliada e purificada — passada outra vez pelas mãos da Perfeição criativa. O Senhor conheceu toda a história de amor e perda; por todo

A ESPERANÇA DO EVANGELHO

o universo, contemplou o Amor alado retirando a coroa do esqueleto do Medo. O conforto de Deus sempre deve ser maior do que o luto do ser humano; do contrário, haveria lacunas em sua Divindade. A mera restauração deixaria um hiato, estéril e sem crescimento, no desenvolvimento de seus filhos.

Todavia, infelizmente, que tipo de esperança limitada e expectativas miseráveis a maioria dos que se dizem discípulos do Senhor derivam de seu ensino! Eles podem, de fato, entender a morte como a única coisa a ser, com zelo, evitada e para sempre lamentada! Quem abandonaria até mesmo o barraco sem janelas de sua tristeza pelo pobre lugar mesquinho que imaginam ser a casa do Pai? Ora, muitos nem sequer esperam reconhecer lá seus amigos! Não esperam distingui-los de toda a santa assembleia! Eles olharão muitos rostos, mas sem nunca reconhecer velhos e amados amigos! Que excelente Salvador dos seres humanos é este Jesus deles! Luzes gloriosas brilham no mundo de nossa tristeza, anunciando uma palavra de trevas da morte mais insignificante! O Senhor é tal como eles acreditam? "Adeus, então, bom Mestre", chora o coração humano. "Achei que tu pudesses me salvar, mas, infelizmente, não podes. Se tu salvas a parte de nosso ser capaz de pecar, tu permites que a parte capaz de amar afunde na perdição sem esperança: tu não és aquele que deveria vir; procuro outro! Tu irias destruir e não me salvar! Teu Pai não é meu Pai; teu Deus não é meu Deus! Ah, para quem iremos? Ele não tem as palavras da vida eterna, este Jesus, e o universo está escuro como o caos! Ó Pai, este teu Filho é bom, mas precisamos de um Filho maior do que ele. Nunca teus filhos te amarão sob a sombra desta nova lei, pois eles não amam uns aos outros como tu os amas!"

Como essa pessoa ama a Deus? Que tipo de amor ela nutre por ele — incapaz de acreditar que Deus ama cada pulsação de cada coração humano voltado para o outro? O Senhor não morreu

TRISTEZA: A PROMESSA DE ALEGRIA

para que nos amássemos uns aos outros e fôssemos um com ele e com o Pai, e o reconhecimento da diferença não é essencial para o amor mais profundo? Pode haver unidade sem diferença? Harmonia sem distinção? Todos devem ter o mesmo rosto? Então, por que rostos afinal? Se as planícies do céu estiverem lotadas indefinidamente com o mesmo semblante, bastará um momento para que a monotonia da bem-aventurança torne-se medonha. Por que não esferas perfeitas de marfim sem traços característicos em vez de numerosas cabeças com um só rosto? Ou devemos todos recomeçar com semblantes novos, cada um belo, cada um amável, cada um consistindo em uma revelação do Pai infinito, cada um distinto do outro, e, portanto, todos fundindo-se em uma revelação completa — mas nunca mais os velhos rostos queridos e preciosos, que trazem tanta história ao pensar em cada um e parecem arrancar o nosso coração do peito? Foram eles criados apenas para se tornarem queridos e então destruídos? É apenas para o vinho que o velho é melhor? Seria um novo céu algo para agradecer a Deus? Seria esta uma perspectiva pela qual o Filho do homem felicitaria o enlutado, ou pela qual o enlutado pelos mortos se consideraria bem-aventurado? É uma pena que tamanha descrença, absurda e monstruosa, deva exigir argumentação.

Um céu sem amor humano seria desumano e também não divino de desejar; não se deve então desejar ser feito à imagem de Deus. O Senhor da vida morreu para que os filhos de seu Pai se tornassem perfeitos no amor — pudessem amar seus irmãos e irmãs como ele os amou: para isso é que eles devem deixar de se reconhecer? Aniquilar o passado de nossa encarnação terrena seria esmagar sob o calcanhar de um destino de ferro a própria ideia de ternura, humana ou divina.

Todos seremos, sem dúvida, transformados, mas em que direção? Rumo a algo menor ou a algo maior? Rumo a algo que nos é inferior, que significa degradação? Rumo a algo que nós não somos,

∽ 93 ∾

que significa aniquilação? Ou rumo a algo que nos é maior, o que significa um desenvolvimento mais avançado da ideia original do que somos, o nosso germe divino contendo tudo que sempre fomos e tudo que podemos e devemos nos tornar? O que constitui esta ou aquela pessoa? Trata-se do que ela própria pensa ser? Certamente não. É o que seus amigos em determinado momento pensam dela? Longe disso! Em qual de suas mudanças de humor ela se torna mais de si mesma? Ela ama tão pouco alguém amado a ponto de não lhe desejar nenhuma mudança — nada diferente a fim de aproximá-lo do ideal interior? Na pessoa mais amável não há algo diferente dela — algo menos amável do que ela —, alguma coisinha em que uma mudança torná-la-ia não menos, porém mais ela mesma? Não é da própria essência da esperança cristã ser transformados de muito ruins a completamente bons? Se uma esposa ama tanto seu marido a ponto de querer manter toda contrariedade, toda inconsistência no caráter dele, ainda que parcialmente harmonioso, ela não ama o suficiente, até o momento, pelo Reino dos céus. Se suas imperfeições forem essenciais para a individualidade que ela ama e para a retomada de sua alegria nela, ela pode ter certeza de que, se ele fosse devolvido a ela como ela o desejaria, ela logo o amaria menos — talvez não o ame de forma alguma; pois ninguém que não ama a perfeição chegará a se manter constante no amor. A falha não é amável; é apenas o bem no qual habita a falha alheia e que faz a pessoa parecer capaz de ser amada. Não são as peculiaridades de alguém que o tornam amado; é a humanidade essencial subjacente a essas peculiaridades. Essas peculiaridades podem torná-lo interessante e, quando não forem abusivas, virem a ser amadas; mas, em si mesmas, são de menor importância.

Não devemos, entretanto, confundir peculiaridade com diversidade. A diversidade pertence a e está em Deus; a peculiaridade pertence a e está no ser humano. O ser humano real consiste na ideia divina; o ser humano que Deus tinha em vista quando começou a emaná-lo da intenção para a razão; o mesmo ser humano que ele agora está trabalhando para aperfeiçoar, lançando fora aquilo que este ser humano não é e desenvolvendo o que é. Porém, nos seres humanos reais de Deus, ou seja, seus seres humanos ideais, a diversidade é infinita; ele não repete suas criações; cada um de seus filhos difere de todos os outros e a diversidade é amável em cada um. Deus dá a seus filhos uma opinião de si mesmo, uma opinião que nunca se esgota. Trata-se da ideia original de Deus do ser humano individual que, por fim, será entregue, sem mancha ou defeito, nos braços do amor.

Tal é, certamente, a essência do conforto que o Senhor dará àqueles cujo amor agora os faz chorar; e sua bem-aventurança presente deve ser a expectativa do tempo em que o verdadeiro amado encontrará o outro amado restaurado, igual a quando o perdeu — com diferenças preciosas: aquilo que não era o verdadeiro eu, foi-se ou está indo; as coisas que eram amadas tornaram-se ainda mais amadas; restaurou-se não apenas quem se havia perdido, mas também a pessoa perdida daquele que estava perdido. Pois as coisas que tornaram essa pessoa o que era, as coisas que a tornaram amáveis, as coisas essenciais, estarão mais presentes, porque estarão mais desenvolvidas.

Estivesse ou não o Senhor aqui pensando principalmente nos enlutados pelos mortos, como eu acho que ele estava, o Senhor certamente não limitou sua palavra de conforto a eles tampouco desejou que deixássemos de acreditar que seu Pai tem o conforto perfeito para toda dor humana. Fora com os teólogos miseráveis que, em vez de recebê-los no solo bom de um coração generoso para trazer a verdade cem vezes mais, cortam e reduzem as palavras do Senhor para tirar delas a própria vida, extinguindo toda a sua glória e cor por sua própria incapacidade de acreditar, e sua letra morta acaba sendo aceita como o conforto para os corações feridos oriundo de um Criador que ele fez à sua própria imagem! Aqui, "como se fossem espiões de Deus", alguns deles nos diriam que o Senhor proclama a bem-aventurança daqueles que choram por seus pecados, e apenas por eles. Que pessoa honesta faria uma promessa que constitui apenas uma ressalva, a não ser por um ponto não mencionado? Com certeza, aqueles que choram por seus pecados serão gloriosamente consolados, mas também os que estão abatidos por qualquer luto. O Senhor deseja que saibamos que a tristeza não faz parte da vida; que nada mais é do que um vento soprando nela, para joeirar e limpar. Para onde irá a mulher cujo filho está à beira da morte e a quem o marido de sua juventude abandonou, senão para seu Pai que está no céu? Ela deve se manter afastada até que se perceba arrependida por seus pecados? Como deveria essa mulher importar-se em ser libertada de seus pecados, como poderia aceitar qualquer consolo, se acreditava que o filho de seu coração estava perdido para sempre? Deseja o Senhor que essa pessoa mantenha bom ânimo, coração alegre, porque seus pecados lhe foram perdoados? Poderia essa mãe ter sido uma mulher de quem o Salvador dos seres humanos teria nascido? Se uma mulher esquecer o filho a quem ela deu à luz e nutriu, como se lembrará do Pai de quem ela veio? O Senhor veio para curar o coração quebrantado; portanto, ele disse: "Bem-aventurados os que choram". Ponha sua esperança em Deus, mãe, pelo mais morto de seus filhos, até mesmo por aquele que morreu em seus pecados. Você pode precisar esperar muito por ele — mas ele será encontrado. Pode ser que você mesma um dia seja enviada para procurá-lo e encontrá-lo. Não coloque sua esperança em nenhuma desculpa do que seu amor teria feito por ele nem em qualquer palavrinha negativa teológica ou sacerdotal; deposite sua esperança naquele que criou seu filho e que o ama mais do que você. Deus o desculpará melhor do que você, e sua misericórdia irrestrita é maior do que a de seus ministros. Não deve *o* Pai fazer *o possível* para encontrar seu filho perdido? O bom pastor para encontrar sua ovelha perdida? Os anjos em sua presença conhecem o Pai e cuidam do filho perdido. Você será consolada.

Há uma fase no luto pelos mortos que não devo deixar de lado visto que se trata da dor dentro da dor de todo o nosso luto — a saber, as dores agudas e recorrentes da tristeza por coisas que dissemos ou fizemos, ou que deixamos de dizer ou fazer, enquanto estávamos juntos dos que partiram. A própria vida que se doaria ao outro dói com a sensação de não ter dado o que podia naquela época. Nós nos lançamos a seus pés, chorando: "Perdoe-me, meu próprio coração! Porém eles estão tão longe e parecem não ouvir. Pode ser que eles estejam ansiando por nós com uma agonia amorosa semelhante, mas compreendem melhor ou talvez apenas sintam-se mais seguros de que juntos seremos consolados em breve".

Reflita, irmão, irmã, eu digo; reflita sobre o esplendor de Deus e responda: seria ele perfeito se na restauração de todas as coisas não houvesse oportunidade de declarar nossa amarga dor e vergonha pelo passado? Nenhum momento para dizer soluçando: "irmã, irmão, sou seu servo"? Sem espaço para fazer as pazes? Quando chegar o momento desejado, bastará um olhar nos olhos e nos conheceremos como Deus nos conhece. Como as pretensas palavras do filho perdido na parábola, pode ser que as palavras de nossa confissão dificilmente encontrem lugar. O coração pode falar com o coração a ponto de esquecer que essas coisas existiram. Enlutado, deposite sua esperança em Deus e console-se como puder, e o Senhor dos enlutados poderá consolá-lo o quanto antes. Pode ser que a sua própria severidade consigo já tenha movido o Senhor para ajudá-lo.

Aqueles que choram a perda do amor, de quem o amigo, o irmão, o amado se afastou — o que devo clamar-lhes? Vocês também serão consolados, apenas ouçam: Qualquer egoísmo que anuvia o amor que chora a perda do amor deve-lhe ser retirado — queimado inclusive por dor extrema, se assim necessário. A sua perda pode ter chegado em decorrência daquilo que não era amor em seu amor; de qualquer forma, por causa do defeito do seu amor, você deve sofrer para que ele seja preenchido. Deus não o vingará, como o juiz injusto, a fim de que escape do grito que o perturba. Nenhum choro fará com que ele conforte seu egoísmo. Ele não lhe tornará incapaz de amar verdadeiramente. Deus não despreza nem seu amor, embora mesclado com egoísmo, nem seu sofrimento que brota de ambos; ele separará o seu egoísmo do seu amor e lançá-lo-á no fogo. A cura imediata para o seu egoísmo e para o seu sofrimento é fazê-lo amar mais — e de maneira mais verdadeira; não com o amor do amor, mas com o amor da pessoa cujo amor perdido você lamenta. O amor do amor é o amor de si mesmo. Comece a amar como Deus ama e sua dor se amenizará; mas, para conforto, espere tempo dele. O que ele fará por você, apenas ele sabe. Pode ser que você nunca saiba o que ele fará, mas apenas o que ele fez: era bom demais para você saber, exceto recebê-lo. No momento em que você for capaz disso, será seu.

Uma coisa é clara em relação a cada problema — que o caminho natural segue rumo certo para os joelhos do Pai. O Pai é pai para seus filhos, senão por que ele se fez Pai deles? Você não prefere, enlutado, ser consolado do único modo eterno — o filho pelo Pai — em vez de ser consolado de maneira tão pobre e temporária, capaz de deixá-lo ainda mais exposto ao seu pior inimigo, isto é, seu próprio eu não restaurado? Um inimigo que tem somente uma coisa boa: conduzir-lhe sempre à tristeza!

O Senhor veio enxugar nossas lágrimas. Ele está fazendo isso; ele fará isso assim que puder; e, até poder, ele fará nossas lágrimas fluírem sem amargura; ele nos diz que chorar é algo

TRISTEZA: A PROMESSA DE ALEGRIA

bem-aventurado por causa do conforto em seu caminho. Aceite agora seu conforto e prepare-se, assim, para o conforto que tem em mãos. Ele está preparando você para isso, mas você deve trabalhar junto dele ou ele nunca tê-lo-ia feito. Ele deve ter você puro de coração, ávido pela justiça, um verdadeiro filho de seu Pai no céu.

A FAMÍLIA DE DEUS

"Bem-aventurados os puros de coração, pois verão a Deus [...] Bem-aventurados os que têm fome e sede de justiça, pois serão satisfeitos [...] Bem-aventurados os pacificadores, pois serão chamados filhos de Deus."
Mateus 5:8,6,9

O clamor mais profundo do ser humano sempre foi ver Deus. Trata-se do clamor de Moisés e de Jó, do clamor do salmista e do profeta; e para o clamor, sempre se ouviu vagamente a respeito de uma resposta vindoura distante. Na plenitude dos tempos, o Filho aparece com a proclamação de que uma certa classe de pessoas contemplará o Pai: "Bem-aventurados os puros de coração, pois verão a Deus" (Mateus 5:8). Aquele que viu a Deus, que o vê agora, que sempre o viu e sempre o verá, diz: "Seja puro e você também o verá". Ver Deus era a própria felicidade eterna e única do Senhor; portanto, ele sabia que a bem-aventurança essencial da criatura é contemplar a face do Criador. Nessa face está o mistério da própria natureza de uma pessoa, a história de seu próprio ser. Aquele que não pode ler nenhum pensamento dele, não pode conhecer nem a si nem a seu companheiro; só quem conhece um pouco a Deus pode compreender o ser humano. Os bem-aventurados no Paraíso de Dante leem, a todo instante e para sempre, os pensamentos uns dos outros em Deus. Olhando para ele, encontram seu próximo. Tudo o que a criatura precisa e pode ver ou saber é o rosto daquele de quem veio. Não vendo e sabendo disso, ela nunca descansará; vendo e sabendo disso, sua existência ainda será um mistério para ela e um temor, mas não mais motivo de desânimo. Deve ser aterrorizante para qualquer alma viva, que já tenha refletido a respeito, saber que existe e que não tem poder nem para continuar nem para cessar, a não ser que se reconheça uma com o Poder pelo qual existe. A solidão, a ansiedade e o medo desaparecem na pessoa que começa a conhecer e a sentir-se uma com esse Poder nela; ela não é mais uma órfã sem um lar, um pequenino perdido no deserto frio de uma consciência indefesa. "Pai", ela grita, "segure-me firmemente na tua vontade criadora para que eu possa me conhecer um com ela, conhecer o seu desfecho, sua personificação desejada e me alegrar

A FAMÍLIA DE DEUS

sem tremer. Seja este o deleite do meu ser, o qual tu desejaste, pelo qual me amaste; deixa-me saber que sou teu filho, nascido para te obedecer. Não justificas tua ação a ti mesmo por tua ternura para comigo? Não justificas isso a teu filho, revelando-lhe seu direito de ti por causa de tua separação dele de ti mesmo, por causa de sua total dependência de ti? Pai, tu estás em mim, do contrário eu não poderia estar em ti, não poderia ter nenhuma casa para a minha alma habitar, ou qualquer mundo no qual caminhar."

Essas verdades são, creio eu, as próprias necessidades de fato, mas uma pessoa, desse modo, em um dado momento, não necessariamente as conhece. É absolutamente necessário, no entanto, para seu ser real, que ela conheça essas relações espirituais nas quais ela se encontra com sua Origem; sim, que devem estar sempre presentes e potentes e se tornarem o coração, a esfera e a substância de tudo que permeia sua consciência, da qual são a base e o fundamento. Uma vez que os tenha visto, nem sempre é para os ver. Há momentos, e muitos, em que as preocupações deste mundo — sem direito a qualquer parte em nosso pensamento, visto que são irracionais ou imperfeitas para Deus — cegam os olhos da alma para o brilho do que é eternamente verdadeiro, que eles o veem apenas como se devesse ser verdadeiro, não como se tivesse que ser verdadeiro; como se pudesse ser verdadeiro na esfera do pensamento, mas não pudesse ser verdadeiro na esfera dos fatos. Nossos próprios sentidos, preenchidos com as coisas de nossa estada passageira, combinam-se para lançar descrédito sobre a existência de qualquer mundo por causa do qual somos dotados com um olho interno, um ouvido eterno. Porém, se tivéssemos uma vez visto Deus face a face, não deveríamos estar sempre e para sempre certos dele? Tivemos apenas vislumbres do Pai. No entanto, se tivéssemos visto Deus face a face, mas tivéssemos nos tornados impuros de coração — se tal pensamento

103

terrível fosse uma ideia possível —, não deveríamos mais acreditar que o havíamos visto. Uma alma obscurecida pelo pecado jamais poderia recordar a visão cuja verdade essencial era sua única prova possível. Ninguém, exceto os puros de coração, vê a Deus; apenas a esperança pura e crescente de vê-lo. Mesmo aqueles que viram o Senhor, a imagem expressa de sua pessoa, não viram Deus. Eles só viram Jesus — e mesmo assim, só o Jesus exterior, ou um pouco mais. Eles não eram puros de coração; eles viram-no e não o viram. Eles viram-no com seus olhos, mas não aqueles que são os únicos capazes de ver Deus. Aqueles olhos não tinham ainda nascido neles. Nem os olhos do corpo ressuscitado, nem os dos espíritos incorpóreos podem ver Deus; só os olhos daquele algo eterno que é da própria essência de Deus, os olhos-pensamento, os olhos-verdade, os olhos-amor podem vê-lo. Nós não podemos vê-lo não porque somos criados e ele não é, nem por qualquer diferença envolvida nessa diferença de todas as diferenças. Se ele quisesse tomar uma forma, e essa forma nos fosse apresentada e nós a víssemos, não deveríamos estar vendo Deus. Mesmo se tivéssemos sido informados e acreditado no relato, se soubéssemos que se tratava de uma forma de Deus — chame-a até mesmo do próprio Deus — em quem nossos olhos repousaram, se não víssemos a *Divindade* e fôssemos capazes de reconhecê-la sem o relato de sua visão, não deveríamos estar vendo Deus, apenas o tabernáculo em que por ora ele habitava. Em outras palavras, não vendo que, na forma feita, uma forma adequada para ele assumir, não deveríamos estar vendo uma presença que só poderia ser Deus.

Ver Deus é estar no ponto mais alto do ser criado. Nós só veremos Deus — nenhuma personificação parcial e passageira dele, mas a presença permanente — quando nos posicionarmos no topo de nossa montanha, a altura da existência que Deus nos deu e para a qual ele está nos conduzindo. É lá que devemos estar, esse é o fim de nossa criação. Esta verdade está no cerne de tudo, significa todos os tipos de conclusões e pode ser expressa de muitas maneiras, mas a linguagem nunca a alcançará, pois a forma nunca a conterá. Tampouco veremos, isto é, conheceremos Deus perfeitamente. Na verdade, nunca conheceremos absolutamente o homem, a mulher ou a criança; mas podemos conhecer Deus como nunca poderemos conhecer o ser humano — como nunca poderemos conhecer a nós mesmos. Não apenas podemos, mas devemos conhecê-lo, e isso nunca acontecerá até sermos puros de coração. Então, devemos conhecê-lo com a infinitude de um conhecimento sempre crescente.

"O que é, então, ser puro de coração?"

Eu respondo: não há necessidade de definir essa pureza ou tê-la de forma clara em mente. Pois mesmo se soubéssemos perfeitamente o que é pureza de coração, se fosse possível, isso não seria ser puro de coração.

"Então, como procurar tê-la? Posso procurar sem saber o que é?"

Embora você não conheça nenhuma definição de pureza, sabe o suficiente para começar a ser puro. Você não sabe o que é um ser humano, mas sabe como conhecê-lo — talvez até mesmo como conseguir sua amizade. Seu cérebro não sabe o que é pureza; seu coração tem alguma familiaridade com a própria pureza. Seu cérebro, ao procurar saber o que é, pode até criar um obstáculo para seu coração melhorar sua amizade com ela. Para saber o que é pureza, uma pessoa já deve ser pura; mas aquele capaz de fazer essa pergunta, já sabe o suficiente da pureza, repito, para começar a se tornar puro. Se, neste momento, você decidir começar pela pureza, sua consciência imediatamente lhe dirá por onde começar. Se você disser: "Minha consciência não diz nada", eu responderei: "Você está apenas brincando com sua consciência. Determine e ela falará".

A ESPERANÇA DO EVÁNGELHO

Se você se importa em ver Deus, seja puro. Se você não for puro, ficará cada vez mais impuro; e, em vez de ver Deus, finalmente se encontrará face a face com um vasto vazio — um vasto vazio, mas preenchido de um habitante, aquele monstro devorador, seu próprio falso eu. Se você não se importa com isso, eu lhe digo que há um Poder que não o permitirá; um Amor que fará com que você se importe pelas consequências de não se importar.

Você que busca a pureza e deseja que seus semelhantes também a busquem, não gaste seu esforço no terreno pedregoso do intelecto deles, esforçando-se por explicar o que é pureza; dê a imaginação deles a uma única pessoa pura; convoque a consciência deles para testemunhar contra seus próprios atos; incite sobre eles a grande resolução de serem puros. Com o primeiro esforço de uma alma em direção a ela, a Pureza começará a se aproximar, pedindo entrada; e nunca alguém terá que parar na labuta divina, perguntando o que a seguir é exigido dele; as demandas da Pureza que habita no seu interior estarão sempre diante de sua lenta obediência laboriosa.

Se alguém dissesse: "Ai de mim, estou excluído dessa bem-aventurança! Não sou puro de coração: nunca verei Deus!", aqui está outra palavra do mesmo coração eterno para confortá-lo, fazendo de sua dor seu próprio consolo. Para essa pessoa há também uma bem-aventurança com o mensageiro do Pai. Infelizes seríamos nós se Deus fosse apenas o Deus dos perfeitos, e não do crescimento, do devir! "Bem-aventurados", diz o Senhor a respeito dos ainda não puros, "os que têm fome e sede de justiça, pois serão satisfeitos" (Mateus 5:6). Satisfeitos de justiça, eles são puros; puros, eles verão Deus.

Muito antes de o Senhor aparecer, desde quando o ser humano esteve na terra ou, melhor, desde o início, seu Espírito esteve operando nela para a justiça; na plenitude do tempo, ele veio em sua própria forma humana para cumprir toda a justiça. Ele voltou aos seus, que tinham a mesma mente dele, que tinham fome e sede de justiça. Eles devem ser satisfeitos de justiça!

Ter fome e sede de qualquer coisa implica uma necessidade pessoal dolorida, um desejo forte, uma paixão por aquilo. Aqueles que têm fome e sede de justiça buscam com toda a sua natureza o desígnio dessa natureza. Nada menos lhes dará satisfação; só isso os deixará à vontade. Eles desejam ser libertos de seus pecados, mandá-los embora, tornarem-se limpos e bem-aventurados por sua ausência — em uma palavra, tornarem-se seres humanos, seres humanos de Deus; pois, desaparecido o pecado, todo o resto é bom. Não foi nesses corações, não foi em nenhum coração que surgiu a revoltante ficção da justiça imputada pela lei. A própria justiça, a justiça de Deus, a retidão em seu próprio ser, no coração, no cérebro e nas mãos, é o que eles desejam. Dentre essas pessoas, estava Natanael, no qual não havia falsidade; como ele, talvez, fosse Nicodemos, embora tenha vindo a Jesus à noite; e Zaqueu. O templo nada podia fazer para libertá-los, mas, em decorrência da própria futilidade deles, suas observâncias fizeram este trabalho, desenvolvendo os desejos que eles não podiam satisfazer, tornando-os mais famintos e sedentos de justiça genuína: o Senhor deve trazer-lhes este pão do céu. Com ele, virá a retidão viva e original em seus corações, e eles rapidamente deverão se tornar justos. Com aquele Amor, seu amigo, que é ao mesmo tempo a raiz e a flor das coisas, eles se esforçariam vigorosamente e teriam fome de justiça. O amor é o pai da justiça. Não poderia ser e não poderia haver fome, a não ser de amor. O próprio Senhor da justiça não poderia viver sem Amor, sem o Pai nele. Cada coração foi criado para o amor eterno, perfeito, puro, imutável, e não pode viver de outra forma, a não ser nele; e o amor requer justiça. Em quantas almas o próprio pensamento de um Deus verdadeiro não despertou o desejo de ser diferente, de ser puro, de ser certo! O fato de esse sentimento ser possível,

A ESPERANÇA DO EVANGELHO

de uma alma poder ficar insatisfeita consigo mesma e desejar uma mudança, revela Deus como uma parte essencial de seu ser; pois em si mesma a alma está ciente de que não pode ser o que seria, o que deveria ser — que ela não pode se fazer correta: uma necessidade foi gerada na alma para a qual a alma não pode gerar provisão; uma presença superior a si mesma deve ter causado essa necessidade; um poder maior do que ela mesma deve provê-la, pois a alma sabe que sua própria necessidade, sua própria carência, é algo maior que ela.

Porém a necessidade primordial da alma humana é ainda maior do que isso; o anseio pela justiça consiste apenas em uma de suas manifestações; a necessidade em si é aquela da *existência não autoexistente* para a consciência da presença do causador Autoexistente. Trata-se da necessidade de Deus pelo ser humano. Um ser moral, isto é, um ser humano, espiritual, deve ser Deus ou um com Deus. Essa verdade começa a se revelar quando o ser humano passa a sentir que não pode lançar fora o que odeia, tampouco ser o que ama. O fato de odiar ou amar assim é porque Deus está nele, mas o indivíduo descobre que não tem o suficiente de Deus. Sua força desperta manifesta-se em seu senso de fraqueza, pois só a força pode reconhecer-se como fraca. O negativo não pode se conhecer de forma alguma. A fraqueza não pode se reconhecer como fraca. Trata-se de um pouco de força que anseia por mais, da justiça nascente que tem fome de justiça.

A cada alma insatisfeita consigo mesma, vem esta palavra, ao mesmo tempo estimulante e consoladora, do Poder que vive e a faz viver: ela é bem-aventurada em sua fome e sede, pois será satisfeita. Sua fome e sede constituem a promessa divina da refeição divina. Quanto mais fome e sede ela tiver, mais bem-aventurada será; quanto mais espaço houver nela para receber, mais Deus estará ansioso para dar em vez de receber. É o vazio miserável que dá fome e sede ao ser humano; e, como o corpo, a alma tem fome do que pertence à sua natureza. Uma pessoa tem fome e sede de justiça porque sua natureza precisa dela — precisa dela porque foi feita para ela; sua alma deseja o que é sua. Sua natureza é boa e deseja mais o bem. Portanto, estar vazia do bem não deve ser motivo de desânimo a ninguém, pois o que é o vazio senão o espaço a ser preenchido? O vazio é uma necessidade do bem; o vazio que deseja o bem é ele próprio bom. Mesmo que a fome de justiça deva em parte surgir de um desejo de respeito próprio, isso não é totalmente falso. Uma pessoa não poderia nem mesmo ter vergonha de si sem algum "sentimento de sentido" pela beleza da retidão. Por graus divinos, o ser humano finalmente ficará enojado de si e desejará a justiça com uma fome pura — assim como um ser humano deseja comer o que é bom sem pensar na força que isso restaurará.

Ser cheio de justiça será esquecer até mesmo a própria justiça na bem-aventurança de ser justo, ou seja, um filho de Deus. O pensamento da justiça desaparecerá no fato da justiça. Quando uma criatura é exatamente o que deve ser, o que só ela é adequada para ser; quando, portanto, torna-se realmente ela mesma, nunca pensa no que é. Ela é aquilo; por que pensar sobre isso? Não é mais fora dela que a criatura deve contemplar ou desejar.

Deus fez o ser humano e despertou nele a fome de justiça; o Senhor veio para aumentar e despertar essa fome. O primeiro e duradouro efeito de suas palavras deve ser fazer com que os famintos e sedentos almejem ainda mais. Se sua paixão crescer até uma sensação desesperadora do inatingível, uma desesperança de sempre ganhar aquilo sem o qual a vida não teria valor, lembrem-se de que o Senhor felicita os famintos e sedentos, por ter certeza de serem um dia satisfeitos. A fome deles é uma coisa preciosa para se ter; porém, era algo ruim de se manter insatisfeita. Nasce da falta, mas também do amor ao bem, e sua presença permite suprir a falta. Felizes, então, almas ansiosas!

A ESPERANÇA DO EVANGELHO

A comida que você teria é a única coisa que o Senhor gostaria que você tivesse, exatamente a coisa que ele veio trazer para você! Não temam fome e sede, vocês terão justiça suficiente, embora nenhuma sobra — nenhuma sobra, mas o suficiente para transbordar sobre cada um. Veja como o Senhor continua enchendo seus discípulos, João, Pedro, Tiago e Paulo, com justiça que vem de dentro! Que alma honesta, interpretando o servo pelo mestre, e não preconceituosa pela tradição daqueles que fecham o Reino dos céus às pessoas, pode duvidar do que Paulo quis dizer com *a justiça que vem de Deus mediante a fé* (Filipenses 3:9)? Ele foi ensinado por Jesus Cristo por meio das palavras que havia falado; e a pessoa que não entende Jesus Cristo nunca entenderá seus apóstolos. Que justiça Paulo queria dizer senão a mesma da qual o Senhor deseja que os homens tenham fome e sede — a própria justiça com a qual Deus é justo! Aqueles que têm fome e sede dessa única justiça se tornarão puros de coração e verão a Deus.

Se sua fome parece demorar para ser satisfeita, é bom que pareça demorada. Todavia, se a sua justiça tardar, por que a sua fome por ela não é intensa? Há os que ficam muito tempo sentados à mesa porque seu desejo é lento; eles comem como quem diria: "Não precisamos de comida". Nas coisas espirituais, o desejo crescente é o sinal de que a satisfação está se aproximando. Mas era melhor ter fome de justiça para sempre do que entorpecer o sentimento de falta com a ninharia dos escribas e peritos na lei cristãos: aquele que confia na expiação em vez de no Pai de Jesus Cristo, preenche sua fantasia com as quimeras de um legalismo grosseiro, não o seu coração com a justiça de Deus.

Ouça outra palavra semelhante do Senhor. Ele nos assegura que o Pai ouve os clamores de seus escolhidos — daqueles a quem ele procura adoração porque o adoram em espírito e em verdade. "Acaso Deus não fará justiça aos seus escolhidos", diz

110

A FAMÍLIA DE DEUS

ele, "que clamam a ele dia e noite?" (Lucas 18:7) Agora, pelo que os escolhidos de Deus podem continuar clamando, noite e dia, senão por justiça? Ele admite que Deus pareça tardar em respondê-los, mas nos garante que responderá rapidamente. Mesmo agora, ele deve estar ocupado respondendo suas orações; aumentar a fome é a melhor indicação possível de que ele está agindo assim. Por alguma razão divina, é bom que ainda não saibam por si mesmos que ele está respondendo as suas orações; mas chegará o dia em que seremos justos, assim como ele é justo; quando nenhuma palavra sua deixará de ser entendida por causa de nossa falta de retidão; quando nenhuma injustiça esconderá de nossos olhos a face do Pai.

Essas duas promessas, de ver Deus e ser satisfeito de justiça, têm lugar entre o ser humano individual e seu Pai no céu diretamente; a promessa que agora cumpro tem lugar entre uma pessoa e seu Deus, assim como o Deus de outras pessoas, como o Pai de toda a família no céu e na terra: "Bem-aventurados os pacificadores, pois serão chamados filhos de Deus" (Mateus 5:9).

Aqueles que estão buscando ver Deus, aqueles que estão crescendo na pureza de coração por causa da fome e da sede de justiça, constituem realmente os filhos de Deus; mas o Senhor chama principalmente os filhos que, no caminho para casa, são pacificadores no grupo de viajantes; pois, sem dúvida, em qualquer família, aqueles que fazem as pazes com e entre os demais são principalmente os filhos. A verdadeira ideia do universo é toda a família no céu e na terra. Todos os filhos na terra não são bons filhos; porém, por mais longe que a terra esteja, portanto, de ser uma porção verdadeira de uma família verdadeira, o germe da vida na raiz do mundo, que pelo qual e para o qual ela existe, é sua relação com Deus, o Pai dos seres humanos. Para o desenvolvimento desse germe na consciência dos filhos, a Igreja — cuja ideia é a família mais pura dentro da mais misturada, sempre crescendo como fermento na farinha, mas infelizmente não facilmente distinguível do mundo que mudaria — é um dos meios passageiros. Com o mesmo propósito, toda a família divina é constituída por inúmeras famílias humanas, para que nelas os seres humanos possam aprender e começar a amar uns aos outros. Deus, então, faria do mundo uma verdadeira família divina. Agora, a necessidade primária para a própria existência de uma família é a paz. Muitas famílias humanas não são famílias, e o mundo ainda não é uma família em decorrência da falta de paz. Onde quer que a paz esteja crescendo, é claro que existe paz viva, neutralizando a ruptura e a desintegração e ajudando o desenvolvimento da verdadeira família essencial. A única questão, portanto, quanto a qualquer família é se a paz ou a contenda estão aumentando; pois a paz por si só torna possível que as raízes da vida — a saber, o amor e a justiça — se espalhem pelo que não passava de um monte de areia jogado pelo vento. Os pacificadores acalmam os ventos do mundo, sempre prontos para subir e soprar; eles cuidam e acalentam as raízes entrelaçadas da relva ministradora; eles enrolam e trançam muitos fios de união e tecem muitas faixas de apoio; eles são os servos, por amor da verdade, do indivíduo, da família, do mundo, da grande família universal do céu e da terra. Eles são os verdadeiros filhos daquela família, os aliados e ministros de todas as forças que a unem e consolidam; companheiros de trabalho, eles estão com Deus na criação da família; eles o ajudam a colocar isso em sua mente, a aperfeiçoar sua ideia paterna. Sempre irradiando paz, eles acolhem o amor, mas não o buscam; eles não provocam ciúmes. Eles são os filhos de Deus, pois, como ele, seriam um com suas criaturas. Seu Filho mais velho, sua própria semelhança, foi o primeiro dos criadores de paz da família. Pregando paz a vocês que estavam longe e paz aos que estavam perto, ele permaneceu indefeso na turbulenta multidão de seus companheiros e,

A FAMÍLIA DE DEUS

somente depois de morto, foi que seus irmãos começaram a se reunir na paz que não será quebrada. Ele ressuscitou dos mortos; seus irmãos pacificadores, como ele, estão morrendo para o pecado; e os filhos maus ainda não fizeram seu Pai odiar, ou seu irmão mais velho recuar.

Por outro lado, aqueles cuja influência é dividir e separar, fazendo os corações dos seres humanos afastarem-se uns dos outros, fazem-se filhos do maligno: nascidos de Deus e não do diabo, afastam-se de Deus e adotam o diabo como seu pai. Eles colocam sua vida nascida de Deus contra Deus, contra todo o propósito criativo e redentor de sua vontade unificadora, sempre obstruindo a única oração do Primogênito: que os filhos possam ser um com ele no Pai.

Contra o coração da criação, contra aquilo pelo qual o Filho se rendeu totalmente, os semeadores de contendas, os fomentadores de discórdia, lutam incessantemente. Eles trabalham com todos os outros poderes do mal para fazer do mundo, que o amor de Deus mantém unido — ao menos um mundo, embora não ainda uma família —, uma massa de dissolução. Eles, porém, trabalham em vão. Por entre a massa e por meio dela, para que fique coesa, de um jeito ou de outro, guiados em uma dança inexplicável de harmonia profética, movem-se os filhos de Deus, as luzes do mundo, os que amam os seres humanos, os companheiros de trabalho de Deus, os pacificadores — sempre tecendo, segundo um padrão concebido por aquele que ordena seus caminhos e conhecido apenas por ele, a teia da história do mundo. Todavia, para eles, o mundo não teria história; desapareceria como uma nuvem de poeira levada pelo vento. Como em sua obra, também assim estes compartilharão da alegria de Deus, da fruição divina do esforço vitorioso. Bem-aventurados os pacificadores porque serão chamados filhos de Deus — os filhos porque colocaram o Pai no trono da Família.

113

A principal dificuldade prática, pelo menos para alguns pacificadores, é como se achegar aos destruidores da paz, os desunificadores de almas. Talvez os mais poderosos deles não sejam os poderes da Igreja visível, que se preocupam mais com o cânone e o dogma do que com a verdade, bem como com a Igreja mais do que com Cristo; que tomam uniformidade pela unidade; que coam um mosquito e engolem um camelo, sem saber de que espírito são; essas pessoas eu digo, talvez não sejam nem a força mais ativa nem a mais potente operando para a desintegração do Corpo de Cristo. Imagino também que nem os partidários da política são os piores inimigos da unidade divina, mesquinhos e muitas vezes sabidamente falsos para com seus oponentes, aos quais parecem não desejar ser honestos e justos. Acho, antes, que eles devem ser os mentirosos tagarelas do círculo social, e os irmãos infiéis e as irmãs pouco amorosas de famílias humanas desunidas. Contudo, por que perguntar? Cada autoafirmação, cada forma de busca própria, por menor ou pobre, mundialmente nobre ou grotesca, é uma força de separação e dispersão. E essas forças são numerosas, esses pontos de repulsão são inúmeros por causa da paixão prevalecente das almas mesquinhas que desejam parecer grandes e sentirem-se importantes. Se não podem esperar atrair a atenção do pequeno grande mundo, se não podem sequer tornarem-se "o centro das atenções dos olhos vizinhos", eles procurarão fazer uma festa para si próprios, por menor que seja; cada um girando em seu próprio eixo, tentando autocentrar um redemoinho privado de mônadas humanas. Para desenhar esse ambiente, o partidário de si, às vezes, rompe o mais precioso dos laços, envenenando ninhadas inteiras de amores infantis. Esses verdadeiros cismáticos andam por aí, sem inventar o mal, mas regozijando-se na iniquidade, deturpando o que ouvem e o que descrevem, estagnando a afetividade, separando corações. Sua vocação preferida é a de criador de contendas, o filho do diabo

A FAMÍLIA DE DEUS

divisor. Eles pertencem à classe dos *pérfidos*, cujo lar, segundo Dante coloca, é o abismo infernal mais baixo. Muitas mulheres, que agora se imaginam como tendo boa moral e religião, finalmente se encontrarão como filhas do diabo, e sua desgraça será a esperança de sua redenção.

Porém não é por causa delas que escrevo estas coisas: será que essas mulheres reconheceriam sua semelhança se eu as retratasse do modo mais fiel que as palavras permitem? Enquadro-me mais como alguém que tateia em busca de alguma luz a respeito do verdadeiro comportamento delas. Devemos ou não tratar pessoas conhecidas como mentirosas e criadoras de contendas, como filhos do diabo? Devemos nos afastar delas e nos recusarmos a saudá-las, despertando um falatório ignorante a respeito de nossa conduta? Somos coniventes quando nos calamos quanto à emboscada de onde sabemos que a flecha perversa foi secretamente disparada? Devemos chamar o traidor a prestar contas? Ou devemos fazer qualquer tipo de alerta? Eu não tenho resposta. Cada indivíduo deve levar a questão que o deixa perplexo à Luz do Mundo. Com que propósito o Espírito de Deus é prometido àqueles que o pedem senão para ajudá-los a ordenar seu caminho corretamente?

Uma coisa é clara: devemos amar o criador de contendas; outra é quase tão clara — que, se não o amamos, devemos deixá-lo em paz; pois sem amor não pode haver pacificação, e as palavras apenas ocasionarão mais contendas. Ser gentil não machuca nem condescende. A bondade tem muitas formas, uma adequada pode ser evitar ofensas e deve consistir em evitar mentiras.

Não devemos temer o que o ser humano é capaz de fazer contra nós, mas entregar nosso caminho ao Pai da Família. Não devemos estar ansiosos para nos defender; e se não nos autodefendemos porque Deus é nossa defesa, então por que defendemos nossos amigos? Ele não é a defesa deles tanto quanto a nossa? Entrega a causa do seu amigo também àquele que julga com justiça. Esteja pronto para prestar testemunho em favor do seu amigo da mesma maneira que estaria para receber o golpe desferido contra ele; mas não mergulhe em um ninho de escorpiões para resgatar o lenço dele. Seja verdadeiro com ele e não poupe esforços para mostrar que o ama e o honra, mas a defesa pode desonrar. As pessoas são capazes de dizer: "O quê! A estima do seu amigo é assim tão pequena? Aquele que puxa um véu caro de um arbusto de cactos não é sábio."

Portanto, qualquer que seja nossa relação com alguém que destrua a paz, nossa misericórdia deve estar sempre ao alcance; ela pode nos ajudar contra uma indignação forte demais para ser pura, lembrar que quando alguém é insultado por causa da justiça, então ele é bem-aventurado.

A RECOMPENSA DA OBEDIÊNCIA

"Bem-aventurados os misericordiosos, pois obterão misericórdia... Bem-aventurados os perseguidos por causa da justiça, pois deles é o Reino dos céus [...] Bem-aventurados serão vocês quando, por minha causa, os insultarem, os perseguirem e levantarem todo tipo de calúnia contra vocês. Alegrem-se e regozijem-se, porque grande é a sua recompensa nos céus, pois da mesma forma perseguiram os profetas que viveram antes de vocês."

Mateus 5:7,10-12

A misericórdia não pode entrar onde a misericórdia não sai. O que está saindo abre caminho para o que está entrando. Deus coloca-se ao lado da humanidade contra o ser humano. O ser humano deve tratar os outros como gostaria que Deus o tratasse. "Pois, se perdoarem as ofensas uns dos outros", o Senhor diz, "o Pai celestial também perdoará vocês. Mas, se não perdoarem uns aos outros, o Pai celestial não perdoará as ofensas de vocês" (Mateus 6:14-15). E na profecia do julgamento do Filho do homem, ele se apresenta dizendo: "O que vocês fizeram a algum dos meus menores irmãos, a mim o fizeram" (Mateus 25:40).

Porém a exigência de misericórdia está longe de servir apenas para o bem da pessoa que precisa da misericórdia do próximo; é muito mais por causa da pessoa que deve demonstrar misericórdia. Para um indivíduo, trata-se um gesto pequeno seu próximo ter ou não misericórdia para com ele; em contrapartida, para esse indivíduo é caso de vida ou morte ter ou não misericórdia de seu próximo. A maior misericórdia que pode ser demonstrada ao ser humano é torná-lo misericordioso; portanto, se ele não for misericordioso, a misericórdia de Deus deve coagi-lo a isso. Na parábola do rei que pediu conta de seus servos, ele entregou o devedor impiedoso aos torturadores "até que pagasse tudo o que devia". O rei perdoou seu devedor, mas como o devedor se recusou a transmitir o perdão ao próximo — a única maneira de retribuir de modo similar —, o rei retirou seu perdão. Se não perdoarmos as ofensas das pessoas, nossas ofensas permanecerão. Como pode Deus, em qualquer sentido, perdoar, remitir ou expulsar o pecado que alguém insiste em reter? Impiedosos, devemos ser entregues aos torturadores até aprendermos a ser misericordiosos. Deus é misericordioso: devemos ser misericordiosos. Não há bem-aventurança exceto em ser como Deus; seria totalmente impiedoso deixar-nos impiedosos. A recompensa

A RECOMPENSA DA OBEDIÊNCIA

do misericordioso é que, por sua misericórdia, eles se tornam capazes de receber a misericórdia de Deus — sim, o próprio Deus, que é Misericórdia.

Para que os seres humanos sejam atraídos a provar, ver e compreender, o Senhor associa a recompensa à justiça. O Senhor deseja que os seres humanos amem a justiça, mas como podem eles amá-la sem estar familiarizados com ela? Como continuar a amá-la sem um conhecimento crescente dela? Para atraí-los de modo que possam conhecê-la, bem como encorajá-los quando forem surpreendidos pelas decepções que acompanham o esforço, ele lhes diz uma verdade a respeito da justiça: que, ao praticá-la, há uma grande recompensa. Que ninguém comece a desmerecer a ideia de recompensa da justiça alegando que a virtude é sua própria recompensa. Então, a virtude não consiste em uma recompensa? Há alguma outra recompensa imaginável que valha a pena mencionar além desta? É verdade que o ser humano pode, depois deste ou daquele modo, enganar-se com a recompensa prometida; mesmo assim, deve tê-la ou perecerá. Quem se considerará enganado por ter recebido algo maior do que o esperado? Estaria um pai ou uma mãe enganando o filho ao dizer: "Meu filho, você terá uma grande recompensa se aprender grego", prevendo o deleite do filho com Homero e Platão, apesar de agora ser um desperdício sem valor aos olhos dele? Quando sua recompensa chegar, o jovem ficará entristecido por ser ela grego, e não dinheiro vivo?

A natureza das recompensas prometidas pelo Senhor dificilmente pode ser mal-entendida; ainda assim, os comentários tolos que se ouvem às vezes fazem-me desejar salientar que nem o Senhor está proclamando um sistema ético, nem comete o despropósito de representar, como justiça, a prática de algo bom por causa de alguma vantagem a ser assim obtida. Quando ele promete, apenas declara um fato que encorajará seus discípulos

119

A ESPERANÇA DO EVANGELHO

— isto é, todos os que aprenderem com ele — a enfrentar as dificuldades no caminho para fazer o certo e, portanto, aprender a justiça, pois seu objetivo é tornar os homens justos, não ensinar filosofia. Com base na recompensa mencionada, duvido que aqueles que colocam de lado o ensino do Senhor estejam tão ansiosos para ser justos quanto para prová-lo injusto. Se estivessem, acho que teriam mais cuidado para representá-lo de modo verdadeiro; fariam uma investigação mais profunda e não desejariam que aquele a quem o mundo confessa ser seu melhor ser humano, e a quem confessam ter uma conduta superior à sua, fosse considerado menos puro em teoria do que eles. O Senhor deve esconder que seus amigos terão motivo para se regozijar por terem sido obedientes? Ele não deve ajudá-los a contrabalancear a carga com a qual começam sua corrida? Deve ele contar-lhes os horrores das perseguições que os aguardam e não os doces auxílios que os ajudarão? Foi errado garantir-lhes que, para onde estava indo, eles também deveriam ir? O Senhor não poderia exigir deles mais justiça do que possui: "Portanto, sejam perfeitos como perfeito é o Pai celestial de vocês" (Mateus 5:48); porém, não os ajudar com palavra de amor, ato de poder e promessa de bem, teria mostrado que ele agia muito menos como um irmão e um Salvador. Faz parte do inimigo da justiça aumentar as dificuldades do caminho para se tornar justo e diminuir as do caminho para parecerem justos. Jesus não deseja justiça pelo orgulho de ser justo, tampouco para obter vantagem por ela; desse modo, embora exija uma pureza que o ser humano, de antemão, é incapaz de imaginar, ele lhe provê todo o incentivo possível. O Senhor não aumentará sua vitória por dificuldades — há o suficiente delas —, mas por completude. Ele não exigirá os motivos mais elevados na alma ainda longe de ser mais elevada: a esses, a alma deve crescer.

120

A RECOMPENSA DA OBEDIÊNCIA

Ele animará o filho com promessas e as cumprirá para contentamento da pessoa.

Os seres humanos não podem ser justos sem amor; amar alguém justo é a melhor e a única maneira de aprender a justiça: o Senhor nos dá a si para amar e promete sua amizade mais íntima aos que vencerem.

As recompensas de Deus são sempre similares. "Eu sou seu Pai; sejam meus filhos e eu serei seu Pai." Cada obediência é a abertura de outra porta para o universo ilimitado da vida. Enquanto a constituição desse universo permanecer, enquanto o mundo continuar a ser feito por Deus, a justiça nunca poderá deixar de ser recompensada. Para isso, antes, o governo precisaria ter passado para outras mãos.

A ideia de mérito não é essencial para a de recompensa. Jesus nos diz que o senhor que encontrar seu servo fiel, fá-lo-á sentar-se para comer e sairá para servi-lo; da mesma forma, ele diz: "Assim também vocês, quando tiverem feito tudo o que for ordenado, devem dizer: 'Somos servos inúteis; apenas cumprimos o nosso dever" (Lucas 17:10). A recompensa é o retorno da bola da Virtude, usada, pela mão do Amor, para uma excelente sacada; o senso de mérito é a forma mais sorrateira que a autossatisfação pode assumir. A recompensa de Deus está encerrada em todos os atos de bem: quem faz o bem tornar-se melhor e mais humilde, bem como aproxima-se mais do coração de Deus conforme aproxima-se de sua semelhança; torna-se mais capaz da própria bem-aventurança de Deus e de herdar o Reino do céu e da terra. Ser feito maior do que seus semelhantes é a recompensa oferecida pelo inferno e não envolve grandeza; ser feito maior do que si mesmo é a recompensa divina e implica uma grandeza real. Uma pessoa pode ser colocada acima de todos os seus semelhantes e ainda ser muito menos do que era antes; não se pode erguer uma pessoa na espessura de um fio de cabelo

A ESPERANÇA DO EVANGELHO

sem ela se aproximar de Deus. A recompensa em si, então, é a justiça; e a pessoa que era justa por causa de tal recompensa, sabendo o que era, seria justa por causa da justiça, que ainda, no entanto, não seria a perfeição. Porém, não devo prosseguir agora na distinção sobre isso.

A recompensa da misericórdia nem sempre é deste mundo; os misericordiosos nem sempre recebem misericórdia de seus semelhantes em troca; talvez eles não recebam sequer muita gratidão com frequência. Não obstante, sendo filhos de seu Pai no céu, continuarão a mostrar misericórdia, mesmo para com seus inimigos. Eles devem dar como Deus e ser bem-aventurados, como Deus, em dar.

Existe misericórdia no esforço de compartilhar com os outros as melhores coisas que Deus deu: aqueles que assim fizerem serão perseguidos, injuriados e caluniados, bem como agradecidos, amados e feitos amigos. O Senhor não apenas promete a maior recompensa possível; ele diz a seus discípulos o pior que podem esperar. Ele não apenas mostra as regiões justas às quais estão destinados; ele conta-lhes a verdade sobre o tempo ruim e as adversidades do caminho. Ele não os deixará escolher por ignorância. Ao mesmo tempo, ele fortalece-os para enfrentar as dificuldades vindouras, instruindo-os em sua natureza real. Tudo isso faz parte de sua preparação para o trabalho, para assumir o jugo sobre eles e os tornarem cooperadores na vinha de seu Pai. Eles não devem imaginar, por serem servos de seu Pai, que acharão, portanto, seu trabalho fácil; eles só encontrarão a grande recompensa. Tampouco permitirá que imaginem, quando o mal lhes sobrevém, que algo imprevisto, inesperado, aconteceu-lhes. É só então, pelo contrário, que sua recompensa se aproxima: quando as pessoas os insultam e perseguem, então eles podem saber que são bem-aventurados. Seu sofrimento é motivo de regozijo, de extrema alegria. A ignomínia lançada sobre eles

122

A RECÔMPENSA DA OBEDIÊNCIA

deixa o nome do Pai do Senhor escrito em suas testas, a marca do verdadeiro entre os falsos, dos filhos entre os servos. Com todos os que sofrem pelo mundo, a perseguição é o selo de sua patente, um sinal de que foram enviados: eles completam o que falta das aflições de Cristo por amor do seu Corpo.

Vejamos palavras semelhantes ditas pelo Senhor em um discurso posterior a seus discípulos, na presença de milhares, na planície, complementado com uma lamentação sobre os que têm o que desejam:

"Bem-aventurados vocês os pobres, pois a vocês pertence o Reino de Deus. Bem-aventurados vocês que agora têm fome, pois serão satisfeitos. Bem-aventurados vocês que agora choram, pois haverão de rir. Bem-aventurados serão vocês quando os odiarem, expulsarem e insultarem, e eliminarem o nome de vocês, como sendo mau, por causa do Filho do homem. Regozijem-se nesse dia e saltem de alegria, porque grande é a sua recompensa no céu. Pois assim os antepassados deles trataram os profetas.

Mas ai de vocês os ricos, pois já receberam sua consolação. Ai de vocês que agora têm fartura, porque passarão fome. Ai de vocês que agora riem, pois haverão de se lamentar e chorar. Ai de vocês quando todos falarem bem de vocês, pois assim os antepassados deles trataram os falsos profetas". (Lucas 6:20-26)

Nesta ocasião, ele usa a palavra *fome* sem limitação. Cada necessidade verdadeira, cada necessidade genuína, cada fome criada por Deus, é algo previsto na ideia do universo; mas nenhuma tentativa de preencher um vazio diferente do que o Coração do Universo pretendeu e pretende é ou pode ser qualquer coisa além de um infortúnio. Deus não esquece nenhum de seus filhos — os malvados não mais do que os bons. Amor e recompensa são para o bem: amor e correção para o mal. Os maus perturbarão os bons, mas não lhes farão mal. O mal que

A ESPERANÇA DO EVÁNGELHO

o ser humano faz ao próximo não fará mal a ele e certamente trabalhará para o seu bem; mas ele mesmo terá que lamentar por seu feito. Para si, uma ferida dolorida consiste em causa de júbilo o próximo — não pelo mal que a pessoa faz a si mesma: por isso, há tristeza no céu —, mas pelo bem que ocasiona a seu próximo. Os pobres, os famintos, os que choram, os odiados podem lamentar sua sorte como se Deus os tivesse esquecido; mas Deus está o tempo todo cuidando deles. Bem-aventurados aos olhos dele agora, eles logo se reconhecerão bem-aventurados. "Bem-aventurados os que agora choram, porque haverão de rir" (Lucas 6:21). Palavras de acolhimento do coração alegre do Salvador! Elas não fazem nosso coração arder? Eles serão consolados até mesmo com o riso! Os pobres, os famintos, os que choram, os odiados, os perseguidos, são os poderosos, os opulentos, os alegres, os amados, os vitoriosos do Reino de Deus — para se encherem de coisas boas, para rirem de muito deleite, para serem honrados, solicitados e queridos!

Porém os que têm seu pobre consolo nesta vida — ai deles! Para aqueles que ainda não aprenderam o que é a fome... Para aqueles cujo riso é como o crepitar de espinhos no fogo... Para aqueles que amaram e acumularam os elogios dos homens... Para os ricos, os alegres, os bem alimentados... O mal que se aproxima silenciosamente está a caminho para pegá-los! Os que caem devem ficar sem nada; Lázaro deve receber. A didática de Deus usa extremos terríveis. Os últimos serão os primeiros e os primeiros serão os últimos.

O Senhor sabia quais provações e quais torturas aguardavam seus discípulos após sua morte na cruz; ele sabia que seus discípulos precisariam de todo encorajamento que ele pudesse lhes dar para manter seus corações fortes, para que, em algum momento de desânimo, eles não o negassem. Se eles o tivessem negado, onde estaria nosso evangelho? Se não há ninguém capaz

A RECOMPENSA DA OBEDIÊNCIA

e pronto para ser crucificado pelo Senhor agora, que triste será o futuro! Que pobre caricatura das boas-novas de Deus chegará às suas portas!

Aqueles a quem nosso Senhor felicita são todos filhos de uma mesma família; e tudo o que pode ser chamado de bem--aventurado ou bênção vem da mesma justiça. Se um discípulo é bem-aventurado por causa de alguma coisa, todas as outras bênçãos são dele ou estão a caminho de se tornarem suas; pois ele está a caminho de receber a própria justiça de Deus. Cada coisa boa abre a porta para a próxima, e para todo o resto. Todavia, como se suas garantias, promessas e confortos não fossem grandes o suficiente; como se a menção de qualquer condição pudesse desencorajar uma pessoa humilde de coração com sentimento de inaptidão, medo e talvez a convicção de que a promessa não era para ela; como se alguém pudesse dizer: "Ai de mim, sou orgulhoso e não sou pobre em espírito nem humilde! Às vezes não tenho fome de justiça; não sou nem um pouco misericordioso e estou pronto para sentir-me magoado e indignado: estou excluído de cada uma das bênçãos!". O Senhor, conhecendo as multidões que nada podem implorar em seu próprio favor e sentem penosamente que não são bem-aventuradas, olha para o vasto mundo de seus irmãos e irmãs e clama, em voz alta, incluindo no convite ilimitado cada alma vivente com apenas uma qualificação.

O JUGO DE JESUS

Naquela ocasião, Jesus disse: [de acordo com Lucas: "Naquela hora, Jesus, exultando no Espírito Santo, disse] "Eu te louvo, Pai, Senhor dos céus e da terra, porque escondeste estas coisas dos sábios e cultos, e as revelaste aos pequeninos. Sim, Pai, pois assim foi do teu agrado."

MATEUS 11:25-26

Todas as coisas me foram entregues por meu Pai. Ninguém conhece o Filho [de acordo com Lucas: "quem é o Filho"] "a não ser o Pai, e ninguém conhece o Pai" [de acordo com Lucas: "quem é o Pai"] "a não ser o Filho e aqueles a quem o Filho o quiser revelar."

LUCAS 10:22

"Venham a mim, todos os que estão cansados e sobrecarregados, e eu darei descanso a vocês. Tomem sobre vocês o meu jugo e aprendam de mim, pois sou manso e humilde de coração, e vocês encontrarão descanso para as suas almas. Pois o meu jugo é suave e o meu fardo é leve."

MATEUS 11:28-30

As palavras do Senhor nos dois primeiros parágrafos são representadas, tanto por Mateus quanto por Lucas, como ditas, após a acusação, às cidades de Corazim, Betsaida e Cafarnaum; apenas na narrativa de Lucas, o retorno dos setenta[1] é mencionado entre elas; e ali a alegria do Senhor pela revelação do Pai de si mesmo aos pequeninos parece ter referência aos setenta. O fato de o retorno dos setenta não ser mencionado em outro lugar nos deixa livres para supor que as palavras foram de fato ditas naquela ocasião. As circunstâncias, porém, como circunstâncias, pouco nos importam, não sendo necessárias à compreensão das palavras.

O Senhor não se queixa dos sábios e instruídos; ele apenas reconhece que não é a eles que seu Pai revela suas melhores coisas; por isso, ele agradece ou louva o Pai. "Louvada seja tua vontade: vejo que estás certo: concordo contigo"; um pouco de cada um desses significados parece pertencer à palavra grega.

"Mas por que não revelar as verdades primeiro aos sábios? Não são eles os mais aptos para recebê-las?" Sim, se essas coisas e a sabedoria deles estiverem na mesma esfera — não de outro modo. Nenhuma quantidade de conhecimento ou habilidade na ciência física tornará alguém apto para argumentar uma questão metafísica; e a sabedoria deste mundo, ou seja, a filosofia da prudência, autoproteção, precaução, incapacita de maneira especial o ser humano para receber o que o Pai tem a revelar: a proporção do nosso cuidado com o nosso próprio bem é a nossa incapacidade de compreender e acolher o cuidado do Pai. O sábio e o instruído, com toda a sua energia de pensamento, nunca poderiam ver suficientemente as coisas do Pai para reconhecê-las como verdadeiras. Sua sagacidade trabalha nas coisas terrenas e preenche assim suas mentes com perguntas e conclusões próprias, de modo que

---

[1] A variante "setenta e dois" é a utilizada pela NVI. (N. do T.)

eles não podem ver os fundamentos eternos que Deus colocou no ser humano ou as consequentes necessidades de sua própria natureza. Eles têm orgulho de descobrir coisas, mas o que descobrem são menos do que eles próprios. Como, no entanto, eles as descobriram, imaginam essas coisas como o objetivo do intelecto humano. Para os sábios e os instruídos, eles não admitem haver coisas além dessas ou fora de seu alcance, ou então declaram-se desinteressados por elas. Eles trabalham apenas para acumular pelos sentidos e deduzir do que assim acumularam, o prudente, o provável, o expeditivo, o protetivo. Eles nunca pensam no essencial, no que em si mesmo deve ser. São cautelosos, cuidadosos, discretos, sensatos, ponderados, prevenidos e esquivos. Não têm entusiasmo e são tímidos de todas as maneiras — um povo inteligente, duro e sutil, que considera as coisas do universo e o amor aos fatos como amor à verdade. Eles não conhecem, no ser humano, nada mais profundo do que os fatos mentais superficiais e suas relações. Não percebem ou afastam-se de qualquer verdade que o intelecto não possa formular. O zelo por Deus nunca os consumirá: por que deveria? Ele não é interessante para eles: a teologia pode ser interessante; para essas pessoas, religião significa teologia. Como o tesouro do Pai deve lhes ser aberto? Em suas mãos, seus rubis seriam absorvidos pelo fogo e cessariam de brilhar. As rosas do paraíso murchariam em seus jardins. Eles nunca vão além do pórtico do templo; eles não têm certeza se há algum lugar secreto e não se importam de entrar e ver: por que deveriam? Seria apenas para virar e sair novamente. Mesmo quando conhecem seu dever, devem desmontá-lo e considerar os fundamentos de sua reivindicação antes de lhe renderem obediência. Todas aquelas doutrinas malignas sobre Deus que operam a desgraça e a loucura têm origem nas mentes dos sábios e dos instruídos, não no coração das crianças. Estes sábios e instruídos, cuidadosos em fazer as palavras de seus mensageiros

A ESPERANÇA DO EVÁNGELHO

coincidirem com suas conclusões, interpretam o grande coração de Deus não por seus próprios corações, mas por seus miseráveis intelectos; e, adiando a obediência, a única que pode dar poder ao entendimento, pressionam na mente dos seres humanos suas miseráveis interpretações da vontade do Pai em vez de fazer essa vontade em seus corações. Eles chamam sua filosofia de verdade de Deus e dizem que as pessoas devem defendê-la ou ficar de fora. Eles são os escravos da letra em toda a sua fraqueza e imperfeição — e serão até que o Espírito da Palavra, o Espírito de obediência os liberte.

Os pequeninos devem ter cuidado para que os sábios e os instruídos não se interponham entre eles e o Pai. Eles não devem ceder nenhuma reivindicação de autoridade sobre sua crença, feita pelo ser humano ou pela comunidade, pela igreja ou pela sinagoga. Apenas isso é para eles crerem: o que o Senhor revela às suas almas como verdadeiro; apenas isso é possível para eles crerem com o que ele considera crença. O objetivo divino para o qual existe o mestre ou a igreja é a persuasão do coração individual de vir a Jesus, o Espírito, para aprender o que só ele pode ensinar.

Seu evangelho sofreu terrivelmente na boca dos sábios e dos instruídos: como estaria agora, se as suas primeiras mensagens tivessem sido confiadas a pessoas de renome em vez daqueles simples pescadores? Não estaria em lugar nenhum ou estaria irreconhecível. Teríamos, desde o início, um sistema baseado em uma interpretação humana do evangelho divino, em vez do próprio evangelho, que teria desaparecido. Do jeito que está, tivemos um sistema humano entediante e miserável após o outro; mas, graças a Deus, o evangelho permanece! O filhinho, sem se importar com sua nuvem de glória, ao olhar horrorizado um mundo desconhecido ao redor, ainda pode ver os braços abertos dos filhos e correr para eles. Quantas vezes algum símbolo empregado no Novo Testamento não foi forçado a servir de argumento para

130

um esquema desprezível de redenção, que não era redenção; enquanto a verdade a respeito do símbolo usado, o que deveria ser transmitida por ele, permaneceu sem consideração ao lado da pilha de lixo! Se os sábios e os instruídos, repito, tivessem sido os confidentes de Deus, a letra teria usurpado de imediato o lugar do Espírito; o servo ministrante teria sido posto sobre a casa; um sistema religioso, com seu plano de salvação raquítico e malcheiroso, teria não apenas tomado de imediato o lugar de um Cristo vivo, mas ainda manteria esse lugar. O grande irmão, o Deus humano, o Filho eterno, o Vivente, teria permanecido tão escondido dos olhos lacrimejantes e dos corações doloridos dos cansados e dos oprimidos, como se nunca tivesse vindo das profundezas do amor chamar os filhos de volta para casa, a fim de abandonarem as sombras de um universo que atormenta a si. Porém o Pai revelou as coisas do Pai a seus pequeninos; os pequeninos amaram e começaram a fazê-las; com isso, passaram a compreendê-las e crescer no conhecimento delas e no poder de comunicá-las; enquanto, para os sábios e os instruídos, as palavras mais profundas do mais pequenino deles, João, o Boanerges, parecem, até agora, apenas um rosário de chavões. O pequenino entende o sábio e o instruído, mas só é compreendido pelo pequenino.

O Pai, então, revelava suas coisas aos pequeninos porque eles eram seus próprios pequeninos, não corrompidos pela sabedoria ou pelo cuidado deste mundo e capazes, portanto, de recebê-las. Os outros, embora seus filhos, não haviam começado a ser como ele, portanto não podiam obtê-las. As coisas do Pai não poderiam entrar em suas mentes sem deixar do lado de fora todo o seu valor, todo o seu espírito. Os pequeninos estão perto o suficiente de onde vêm para entender, um pouco, como as coisas ocorrem na presença de seu Pai no céu e assim interpretar as palavras do Filho. O filho que ainda não se "afastou mais do que um ou dois quilômetros" de seu "primeiro amor", não perdeu contato com a

A ESPERANÇA DO EVANGELHO

mente de seu Pai. Ele selará rapidamente o antigo vínculo quando o próprio Filho, o primeiro dos pequeninos, o único pequenino perfeito de Deus, vier conduzir os filhos das adoráveis "sombras da eternidade"' para a terra do "pensamento celestial branco". Como Deus é o único Pai verdadeiro, somente para Deus qualquer um pode ser então um filho perfeito. Apenas em seu jardim a infância pode florescer.

O líder da grande multidão de pequeninos, ele mesmo, em virtude de sua infância primogênita, o primeiro destinatário das revelações de seu Pai, tendo assim dado graças e dito o porquê as dava, irrompe novamente, renovando a expressão de agrado desejada assim por Deus: "Sim, Pai, pois assim foi do teu agrado!". Atrevo-me a traduzir: "Sim, ó Pai, pois assim surgiu a satisfação perante ti!", e penso que ele quis dizer: "Sim, Pai, porque ali estavam todos os teus anjos cheios de satisfação".

Os pequeninos eram os profetas no céu, e os anjos ficaram contentes em descobrir que assim também seriam na terra; regozijaram-se ao ver que o que estava ligado no céu estava ligado na terra; que o mesmo princípio se aplicava a cada um. Compare Mateus 18:10,14; assim como Lucas 15:10: "Cuidado para não desprezarem um só destes pequeninos! Pois eu digo que os anjos deles nos céus estão sempre vendo a face de meu Pai celeste... Da mesma forma, o Pai de vocês, que está nos céus". *Entre os anjos que estão diante dele*, acho que quis dizer: "não quer que nenhum destes pequeninos se perca". "Eu digo que, da mesma forma, há alegria na presença dos anjos de Deus por um pecador que se arrepende."

Tendo assim agradecido a seu Pai por ter feito segundo sua própria "boa, agradável e perfeita vontade", ele se volta para seus discípulos e diz-lhes que conhece o Pai, sendo seu Filho, e que só pode revelar o Pai ao resto de seus filhos: "Todas as coisas me

O JUGO DE JESUS

foram entregues por meu Pai. Ninguém conhece o Filho a não
ser o Pai, e ninguém conhece o Pai a não ser o Filho e aqueles a
quem o Filho o quiser revelar" (Mateus 11:27). É quase como se
a menção aos pequeninos trouxesse seus pensamentos de volta
a si e ao Pai, entre os quais estava o segredo de toda a vida e de
todo envio — sim, todo amor. A relação do Pai e do Filho contém
a ideia do universo. Jesus disse a seus discípulos que seu Pai
não tinha segredos para ele; que ele conhecia o Pai como o Pai o
conhecia. O Filho deve conhecer o Pai; ele só poderia conhecê-lo
— e conhecendo-o, poderia revelá-lo; o Filho poderia fazer os
outros, os filhos imperfeitos, conhecerem o Pai e, portanto, tornarem-se como ele. Todas as coisas foram dadas a ele pelo Pai,
porque ele era o Filho do Pai: pela mesma razão, ele podia revelar
as coisas do Pai ao filho do Pai. A relação com o Filho é a única
relação eterna, sempre duradoura e nunca mutável.

Observe que, enquanto o Senhor aqui representa como limitado a si próprios o conhecimento que seu Pai e ele têm um do
outro, a afirmação consiste apenas em um fato, não em desígnio
ou intenção: sua presença no mundo tem a finalidade de remover
essa limitação. O Pai conhece o Filho e envia-o a nós para que o
conheçamos; o Filho conhece o Pai e morre para revelá-lo. A glória dos mistérios de Deus é que eles são para que seus filhos
os examinem.

Quando o Senhor tomou o menino na presença de seus discípulos e o declarou seu representante, ele o fez representante
também de seu Pai; mas somente o Filho eterno pode revelá-lo.
Revelar é incomensuravelmente mais do que representar; é apre-
sentar aos olhos que conhecem a verdade quando a veem. Jesus
representou Deus; o Espírito de Jesus revela Deus. Alguém pode
recusar o Deus representado; muitos recusaram o Senhor; ninguém pode recusar o Deus revelado; ver Deus e amá-lo são a mesma coisa. Ele pode ser revelado apenas ao filho; perfeitamente,

apenas para o filho puro. Toda a disciplina do mundo é para tornar os homens filhos, para que Deus lhes seja revelado.

Nenhuma pessoa, ao voltar-se primeiro a si, pode ter qualquer conhecimento verdadeiro de Deus; ela só pode desejar tal conhecimento. Todavia, como ela não o conhece de maneira alguma, não pode tornar-se filha de Deus em seu coração; então o Pai deve aproximar-se dela. Ele envia, portanto, seu primogênito, que o conhece, é exatamente como ele, e pode representá-lo perfeitamente. Atraídos por ele, os filhos recebem-no, e ele então é capaz de revelar-lhes o Pai. Nenhuma sabedoria dos sábios pode descobrir Deus; nenhuma palavra dos que amam a Deus pode revelá-lo. A simplicidade de toda relação natural é profunda demais para o filósofo. Só o Filho pode revelar Deus; só o filho o entende. O irmão mais velho se junta ao mais novo e torna-o ainda mais filho como ele mesmo. Ele interpenetra seu companheiro voluntário com sua glória obediente. Permite que este veja como ele se agrada de seu Pai e que saiba que Deus também é seu Pai. Desperta, em seu irmão mais novo, o sentido da vontade de seu Pai; e o mais jovem, ao ouvir e obedecer, começa a ver que seu irmão mais velho deve ser a própria imagem de seu Pai. Ele se torna cada vez mais filho, e cada vez mais o Filho revela-lhe o Pai. Pois ele sabe que conhecer o Pai é a única coisa necessária para todo filho do Pai, a única coisa para preencher o abismo divino de sua necessidade. Ver o Pai consiste no clamor de todo coração do filho no universo do Pai — trata-se da necessidade, não do clamor, de toda alma vivente. Consolem-se, então, irmãos e irmãs; aquele a quem o Filho o revelar conhecerá o Pai; e o Filho veio a nós para revelá-lo. "Irmão eterno", clamamos, "mostre-nos o Pai. Sê tu mesmo para nós, para que em ti possamos conhecê-lo. Nós também somos filhos dele: que os outros filhos compartilhem contigo das coisas do Pai".

O JUGO DE JESUS

Tendo falado primeiro com seu Pai e agora com seus discípulos, o Senhor volta-se para o mundo inteiro e deixa seu coração transbordar (só Mateus salvou-nos o clamor eterno): "Venham a mim, todos os que estão cansados e sobrecarregados, e eu darei descanso a vocês"; "Eu conheço o Pai; venham então a mim, todos os que estão cansados e sobrecarregados". Ele não chama aqueles que querem conhecer o Pai; seu clamor vai muito além; chega aos confins da terra. Ele chama aqueles que estão cansados; aqueles que não sabem que a ignorância do Pai é a causa de toda sua labuta e do peso de seu fardo. "Venham a mim", diz ele, "e eu lhes darei descanso."

Esta é a forma dada, pelo Senhor, ao próprio evangelho, mais intensamente pessoal e direta e, ao mesmo tempo, mais inclusiva do que aquela, apropriada de Isaías, em Nazaré; diferindo também nisto, funde-se com a mais forte persuasão a fim de que os atribulados entrem e compartilhem seu próprio descanso eterno. Vou mudar um pouco seu argumento. "Eu tenho descanso porque conheço o Pai. Seja, como eu, manso e humilde de coração para com ele; deixe-o colocar, sobre você, seu jugo, assim como ele coloca-o sobre mim. Eu faço a vontade dele, não a minha. Aceite o jugo que eu uso; seja, como eu, seu filho; torne-se um pequenino a quem ele pode revelar suas maravilhas. Então você também encontrará descanso para sua alma; terá a mesma paz que eu tenho; não estará mais cansado e sobrecarregado. Eu considero meu jugo suave e meu fardo leve."

Não devemos imaginar que quando o Senhor diz: "Tome sobre vocês o meu jugo", ele queira dizer um jugo que o Senhor coloca sobre os que vêm a ele; "meu jugo" é o jugo que ele mesmo usa, o jugo que seu Pai coloca sobre ele, o jugo do qual, naquele momento, ele fala, suportando-o com alegre paciência. "Vocês devem tomar o jugo que eu tomei: o Pai coloca-o sobre nós."

O melhor do bom vinho está guardado; eu o guardei para o fim. Um amigo disse-me que o Mestre não quer dizer que devemos assumir um jugo como o dele; devemos assumir o próprio jugo que ele carrega.

Dante, ao descrever como, no primeiro nível do Purgatório, ele caminhou curvado para ficar na mesma altura de Oderisi[2], que foi ao chão sob o peso do orgulho nutrido na terra, disse: "Eu fui caminhando com esta alma sobrecarregada, assim como os bois andam no jugo"': essa imagem quase sempre vem a mim com as palavras do Senhor: "Tomem sobre vocês o meu jugo e aprendam de mim". Seu intuito é: "Tomem a outra ponta do meu jugo, fazendo o que eu faço, sendo como eu sou". Pense um pouco: andar no mesmo jugo com o Filho do homem, fazendo com ele a mesma obra e tendo o mesmo sentimento comum a ele e a nós! Isso, e nada mais, é oferecido à pessoa que deseja descanso para sua alma; é exigido da pessoa que deseja conhecer o Pai; o Senhor põe a mesma paz que permeia e sustenta seu próprio coração eterno sobre aquele a quem ele dá.

Todavia, um jugo é para ser puxado junto: que carga é essa que o Senhor está puxando? Com que está carregada a carroça que ele gostaria que o ajudássemos a puxar? Com o que senão a vontade do Pai eterno e perfeito? Como o Pai deveria honrar o Filho, senão dando-lhe sua vontade para corporificar em ação, fazendo-o entregá-la ao coração de seu Pai? E, o mais difícil de tudo, trazendo seus filhos para casa! Seu companheiro de jugo deve compartilhar principalmente o puxamento dessa carga. Nesse caso, deve aprender de quem está puxando o jugo.

Nos deveres mais comuns que lhe cabe, quem executá-los da maneira que o Pai deseja, carrega seu jugo com Jesus; e o Pai

---

[2] No Canto XII da *Divina Comédia*, de Dante Alighieri, há a cena em que Dante anda emparelhado com Oderisi de Gubbio, pintor e gravador, como "bois andando sob a canga". (N. do R.)

O JUGO DE JESUS

recebe sua ajuda para a redenção do mundo — para a libertação dos seres humanos da escravidão de suas próprias carroças carregadas de lixo para a liberdade dos lavradores de Deus. Carregando o mesmo jugo de Jesus, o ser humano aprende a caminhar passo a passo com ele, puxando a carroça carregada com a vontade do Pai e regozijando-se com a alegria de Jesus. A glória da existência é assumir seu fardo e existir para a Existência eterna e suprema — para o Pai que se esforça de modo perfeito e divino a fim de nos conceder sua vida alegre, tornando-nos participantes da natureza da bem-aventurança e do trabalho que consiste em paz. Ele vive para nós; devemos viver para ele. Os pequeninos devem participar plenamente na obra do grande Pai: a sua obra é o negócio da família.

Sua alma se alvoroça, sua mente se sobressalta ao pensar em um fardo como a vontade do Deus eternamente Criador, eternamente Salvador? "Como deve o mortal andar em tal jugo", diz você, "mesmo com o Filho de Deus suportando-o também?"

Ora, irmão, irmã, é o único fardo suportável — o único fardo que pode ser suportado por um mortal! Sob qualquer outro, o mais leve, ele deve sucumbir afinal exausto, sua própria alma pálida de enfermidade!

Aquele sobre quem é colocada a outra metade do fardo de Deus, o peso de sua criação para redimir, diz: "O jugo que carrego é suave; o fardo que puxo é leve"'; e isso foi dito sabendo do tipo de morte que teria. O jugo não feriu seu pescoço, o fardo não sobrecarregou seus tendões, nem o fim no Calvário assustou-o do caminho direto até lá. Ele tinha a vontade do Pai para cumprir, e essa vontade era sua força e sua alegria. Ele tinha a mesma vontade de seu Pai. Para ele, a única coisa pela qual valia a pena viver era a participação do amor dado por seu Pai em sua obra. Ele amou seu Pai até a morte na cruz e eternamente, além dela.

137

A ESPERANÇA DO EVANGELHO

Quando nos entregamos ao Pai como o Filho se entregou, não apenas acharemos nosso jugo suave e nosso fardo leve, mas que eles comunicam tranquilidade e leveza; não apenas não nos cansarão, mas nos darão descanso de todos os outros cansaços. Não percamos um momento perguntando como isso pode ser; a única maneira de sabermos seria levando o jugo sobre nós. Esse descanso é um segredo que todo coração deve saber e nenhuma língua nunca contar. Só podemos conhecê-lo quando o tivermos. Se parece impossível tomar o jugo sobre nós, tentemos o impossível; vamos agarrar o jugo, inclinar nossas cabeças e tentar colocar nossos pescoços sob ele. Dando a nosso Pai a oportunidade, ele nos ajudará e não nos deixará. Ele está nos ajudando a cada momento; quando menos achamos que precisamos de sua ajuda, quando mais pensamos do que fazemos, mais ousada e fervorosamente podemos e devemos clamar por isso. Deus entende o que ou o quanto suas criaturas conseguem fazer ou suportar; porém, quando parece impossível fazer ou suportar algo, devemos estar mais confiantes de que ele não exigirá muito, nem falhará com a ajuda vital do Criador. Essa ajuda estará lá quando for necessária — ou seja, quando puder ser útil. Para, de antemão, sermos capazes de nos imaginar fazendo ou suportando algo, não devemos ter pretensão nem necessidade.

É vão pensar que qualquer cansaço, por mais devido que seja, qualquer fardo, por mais leve, pode ser eliminado de outro modo senão curvando o pescoço ao jugo da vontade do Pai. Não pode haver outro descanso para o coração e a alma que ele criou. De todo fardo, de toda ansiedade, de todo medo de vergonha ou perda, até mesmo da perda do próprio amor, esse jugo nos libertará.

Essas palavras do Senhor — muitas relatadas em comum por Mateus e Lucas, por exemplo a ação de graças e a declaração sobre o conhecimento mútuo de si e de seu Pai — deparam-se comigo como um rosto conhecido, encontrado inesperadamente:

O JUGO DE JESUS

elas vêm a mim como um pedaço de pão celestial cortado do Evangelho de João. As palavras não estão nesse Evangelho, em Mateus e em Lucas não há mais nada do tipo — em Marcos, nada é como elas. A passagem parece-me apenas uma flor solitária testemunhando a presença, nos Evangelhos de Mateus e Lucas, da mesma raiz de pensamento e sentimento que floresce por toda parte no Evangelho de João. Parece que saiu do quarto Evangelho para o primeiro e o terceiro, e assemelha-se a um verdadeiro sinal, embora nenhuma prova de que, por mais que o quarto seja diferente dos outros Evangelhos, eles têm todos a mesma origem. Algum discípulo foi capaz de se lembrar de uma dessas palavras, da qual o Consolador prometido trouxe muitas outras à lembrança de João. Não vejo como os Evangelhos possam ser algum dia entendidos, a não ser por meio de uma correta percepção da relação que o Senhor mantém com seu Pai, relação essa que consiste no assunto principal do Evangelho segundo João.

Quanto ao grito de amor do grande irmão a todo o mundo fatigado, ressaltado só por Mateus, pareço ciente de uma certa individualidade indescritível em seu tom, que o distingue de todos os seus outros ditos registrados.

Aqueles que atendem ao chamado do Senhor e tomam o descanso que ele lhes oferece, aprendendo dele e suportando o jugo do Pai, são o sal da terra, a luz do mundo.

O SAL E A LUZ DO MUNDO

"Vocês são o sal da terra. Mas, se o sal perder o seu sabor, como restaurá-lo? Não servirá para nada, exceto para ser jogado fora e pisado pelos homens. Vocês são a luz do mundo. Não se pode esconder uma cidade construída sobre um monte. E, também, ninguém acende uma candeia e a coloca debaixo de uma vasilha. Ao contrário, coloca-a no lugar apropriado, e assim ilumina a todos os que estão na casa. Assim brilhe a luz de vocês diante dos homens, para que vejam as suas boas obras e glorifiquem ao Pai de vocês, que está nos céus."

MATEUS 5:13-16

O Senhor conhecia esses homens e tinha seus corações nas mãos; de outro modo, teria ele dito que eles eram o sal da terra e a luz do mundo? É verdade, eles estavam em perigo de se comprometerem com o que havia sido dito a respeito deles, de considerarem sua importância por seu próprio mérito e de se verem diferentes de como Deus os via. No entanto, o Senhor não hesitou em chamar seus poucos discípulos humildes de sal da terra; e todos os séculos desde então têm dado testemunho de que eles realmente eram — de que o Senhor só havia mencionado um simples fato. Onde estaria o mundo agora se não fosse por seu sal e sua luz? O mundo que não conhece nem seu sal nem sua luz pode imaginar-se agora, pelo menos, muito atrasado em decorrência da prolongada sobrevivência de suas influências; mas aqueles que escolheram a aspiração, e não a ambição, clamarão somente por causa dessas pessoas: "Para onde devemos ser direcionados neste momento?". O Mestre deles os pôs para serem sal contra a podridão e luz contra as trevas; e nossas almas respondem e dizem: "Senhor, elas têm sido o sal, elas têm sido a luz do mundo!".

Assim que usa o símbolo do sal, o Senhor passa a suplementar sua incompletude. Eles eram sal, os quais devem lembrar que são sal; os quais devem viver como sal, escolher como sal e ser sal. Pois todo o valor do sal reside no fato de ser sal; e todo o sabor salgado do sal moral reside na vontade de ser sal. Perder seu sabor, então, é deixar de existir, a não ser como uma coisa desprezível, cuja própria existência é injustificável. O que fazer com o sal sem sabor, com aqueles que ensinam religião e não conhecem a Deus?

Tendo assim levado a figura até onde ser-lhe-ia útil, o Mestre troca-a por outra, que ele pode levar mais longe. Pois o sal apenas preserva de apodrecer; não faz com que nada melhore. Seus discípulos são o sal do mundo, porém muito mais. Portanto,

O SAL E A LUZ DO MUNDO

tendo avisado o sal humano para olhar para si a fim de ter certeza de que realmente tratava-se de sal, ele prosseguiu: "Vocês
são a luz do mundo, uma cidade, uma candeia". E retoma assim
seu antigo meio de persuasão e aplicação: "É assim; portanto,
façam ser assim." — "Vocês são o sal da terra; portanto, sejam
sal." — "Vocês são a luz do mundo; portanto, brilhem." — "Vocês são uma cidade; sejam vistos em seu monte." — "Vocês são
as candeias do Senhor; não deixem nenhuma vasilha cobri-los.
Deixem sua luz brilhar." Todo discípulo do Senhor deve ser um
pregador da justiça.

As cidades são as partes mais bem iluminadas do mundo;
e talvez o Senhor quisesse dizer: "Vocês são uma cidade viva,
portanto, iluminem sua cidade". Parece provável, em seu pensamento, alguma conexão da cidade com a luz, visto que a alusão
à cidade no monte surge em meio ao que foi dito sobre seus discípulos como a luz do mundo. De qualquer forma, a cidade é o
melhor círculo e o melhor centro para se difundir a luz moral.
Uma pessoa meditando no deserto pode encontrar a própria luz
da luz, mas ela deve ir à cidade para deixá-la brilhar.

Porém, da ideia geral de luz, associada à cidade visível para
todo o território ao redor, o Senhor volta-se de imediato, nesta
talvez fragmentária representação de suas palavras, para um objeto mais caseiro, mais pessoal e individualmente aplicável, que é
a candeia: "Ninguém acende uma candeia e a coloca debaixo de
uma vasilha. Ao contrário, coloca-a no lugar apropriado, e assim
ilumina a todos os que estão na casa."

Vamos meditar um momento aqui. Para que uma candeia ou
uma pessoa é acesa? Para aqueles que precisam de luz, portanto,
para todos. Uma candeia não é acesa para si; nem uma pessoa.
A luz que serve apenas para si não é uma luz verdadeira; sua
única virtude é que logo se extinguirá. A vasilha precisa ser iluminada, mas não sendo colocada sobre a candeia. A própria alma

do ser humano precisa ser iluminada, porém a luz apenas para si, a luz coberta pela vasilha, constitui treva para a alma ou para a vasilha. A luz não compartilhada é treva. Para ser luz de fato, deve brilhar. Trata-se da própria essência da luz, ser compartilhada com os outros. É algo verdadeiro tanto no que concerne ao espiritual quanto à luz física — tanto à verdade quanto a seu tipo. As luzes do mundo são luzes vivas. A candeia que o Senhor acende é uma candeia que deseja brilhar, uma alma que deve brilhar. Sua verdadeira relação com os espíritos ao seu redor — com Deus e seus semelhantes, é sua luz. Só então ela brilha plenamente, quando seu amor, que constitui sua luz, mostra-a a todas as almas dentro de seu escopo e então todas essas almas mostram-na umas às outras, cumprindo seu papel de reunir todas em direção ao Único. Nas trevas, cada alma está sozinha; na luz, as almas consistem em uma família. As pessoas não acendem uma candeia para apagá-la com uma vasilha, mas para pô-la numa estante a fim de iluminar todos os que estão na casa. O Senhor parece dizer: "Para isso iluminei vocês, não para que brilhem para vocês mesmos, mas para darem luz a todos. Eu coloquei vocês como uma cidade em um monte, para que toda a terra possa ver e partilhar da sua luz. Brilhem, portanto; brilhem assim diante das pessoas, para que vejam as suas coisas boas e glorifiquem a seu Pai pela luz com que lhe iluminou. Cuida de que a sua luz seja tal, que brilhe tanto, que os homens vejam o Pai em vocês — vejam as suas obras tão boas, tão claramente dele, que reconheçam a presença dele em vocês e agradeçam a ele." Sempre houve o perigo da sombra da vasilha do eu encobrir a candeia que o Pai acendera; e quando deixar de mostrar o Pai, a luz nelas tornar-se-á trevas. Só Deus é luz, e nossa luz é o resplendor de sua vontade em nossas vidas. Se nossa luz brilhar, deve ser, só pode ser para mostrar o Pai; nada é luz que não lhe dê testemunho. A pessoa que vê a glória de Deus adoeceria só de pensar em glorificar a si mesma, cuja única glória possível é resplandecer com a glória de Deus. Quando alguém tenta brilhar por si e não é um com Deus nem cheio de sua luz, está apenas se preparando para sua própria crescente desonra. Só é capaz de brilhar a pessoa que, como seu Senhor, não busca o que é seu, mas a vontade daquele que a enviou. Aquele que deseja brilhar nos elogios dos seres humanos, cedo ou tarde encontrar-se-á apenas como um jarro de Gideão quebrado no campo.

Procuremos, então, guardar esta palavra do Senhor; e, com essa finalidade, perguntar como devemos deixar nossa luz brilhar. Nada tenho a dizer para a pessoa que não tenta ordenar seus pensamentos, sentimentos e julgamentos segundo a vontade do Pai; ela não pode ter luz para deixar brilhar. Pois deixar nossa luz brilhar é ver que em tudo, mesmo nas menores coisas, nossas vidas e ações correspondem ao que conhecemos de Deus; que, como verdadeiros filhos de nosso Pai no céu, façamos tudo como ele deseja. Preciso dizer que deixar nossa luz brilhar é ser justo, honrado, verdadeiro, cordial, mais cuidadoso com as demandas de nosso próximo do que com as nossas, sabendo que corremos o risco de ignorá-las e não somos obrigados a insistir em todas as nossas próprias demandas! A pessoa que não leva em conta o que é justo, amigável, puro, altruísta, amável, gracioso — onde está sua pretensão de chamar Jesus de seu Mestre? Onde está sua pretensão do cristianismo? O que salva sua pretensão de ser ela uma mera zombaria?

O resplendor de qualquer luz humana deve ser a obediência à verdade reconhecida como tal; nossa primeira demonstração de luz, como discípulos do Senhor, deve ocorrer ao fazermos as coisas que ele nos diz. Assim, declaramo-lo nosso Mestre, o governante de nossa conduta, o iluminador de nossas almas. E, enquanto faz sua vontade, o ser humano aprende a beleza da justiça e dificilmente falhará em deixar alguma luz brilhar por

A ESPERANÇA DO EVANGELHO

meio da poeira de suas faltas, a exalação de seus erros. Portanto, seus discípulos brilharão como luzes no mundo, expondo a Palavra da vida.

Para brilhar, devemos nos manter em sua luz, iluminando nossas almas com suas palavras e seus atos e com o modo como ele gostaria que pensássemos e fizéssemos. Devemos então beber a luz como alguns diamantes, mantê-la e brilhar no escuro. Ao fazer sua vontade, veremos que consideraremos o mundo como dele, sustentando que deve ser feita a vontade dele no mundo, e não a nossa. Nossos rostos brilharão com a esperança de vê-lo e de sermos conduzidos à casa onde ele está. Lembremo-nos apenas de que tentar parecer o que devemos ser é o início da hipocrisia.

Se realmente esperamos que coisas melhores aconteçam, devemos permitir que nossa esperança surja. Um cristão que parece triste com a menção da morte, mais ainda, que fala de seus amigos como se os tivesse perdido, torna-se a vasilha de sua pouca fé sobre a candeia da luz do Senhor. A morte é apenas nosso horizonte visível, e nosso olhar deve sempre estar focado além dela. Nunca devemos falar como se a morte fosse o fim de qualquer coisa.

Para deixar nossa luz brilhar, devemos cuidar para não ter respeito pelas riquezas: se não as temos, não há medo de mostrá-las. Tratar o pobre com menos atenção ou cordialidade do que o rico é nos apresentarmos como servos de Mamom. Da mesma maneira, não devemos dar valor ao elogio das pessoas ou buscá-lo de algum modo. Não devemos honrar ninguém por causa do intelecto, da fama ou do sucesso. Não devemos recuar, com medo do julgamento das pessoas, de fazer abertamente o que consideramos correto; ou de reconhecer como legislador o que se autodenomina "sociedade", bem como nutrir a menor ansiedade por sua aprovação.

Nos negócios, os termos do contrato devem ser compreendidos por ambas as partes contratantes, do contrário não poderão caber nem como lei nem como desculpa para o discípulo de Jesus. A pessoa para quem os negócios constituem uma coisa e a religião outra, não se trata de um discípulo. Caso se recuse a harmonizá-los, tornando seu negócio parte da sua religião, ele já escolheu Mamom; caso pense em não resolver a questão, a questão já está resolvida. O mais fútil de todos os esforços humanos é servir a Deus e a Mamom. A pessoa que faz tal esforço trai seu Mestre no templo e beija-o no jardim; tira vantagem dele na loja e oferece-lhe "culto" no domingo. Seu próprio ato de frequentar a igreja constitui apenas mais um culto a Mamom! Todavia, não desperdicemos forças no desprezo a tais pessoas; pelo contrário, voltemos à luz sobre nós mesmos: não o negamos de alguma forma? A nossa luz dá testemunho? Está brilhando diante das pessoas para que glorifiquem a Deus por isso? Se não brilhar, são trevas. Nas trevas que uma pessoa considera ser luz, ela desferirá uma facada no coração do próprio Senhor.

Aquele que cumpre o seu dever cotidiano, considerando-a a obra que o Pai lhe deu, é quem deixa sua luz brilhar. Porém, essa pessoa não ficará satisfeita com isso: ela ainda precisa manter sua luz brilhando. O que quer que alegre seu coração, ela compartilhará com o próximo. O corpo é um lampião; um lampião não deve estar apagado; o coração resplandecente deve aparecer no rosto resplandecente. Seu pensamento alegre pode não ser transmitido ao próximo, mas este não deve apagar a vibração de sua alegria antes de alcançá-lo. O que diremos daquele que sai de seu quarto, do topo de seu monte, com um véu cobrindo o rosto como se encobrisse a própria humanidade? Foi com o Pai que essa pessoa comungou, alguém que mantém seus movimentos limitados e cujos olhos não sorriem para aqueles de sua casa? O marido que recebe as atenções silenciosas, as ministrações sublimes da esposa, ou filho ou filha, sem sinal de prazer, sem sinal de gratidão, dificilmente esteve com Jesus. Ou será que esse marido esteve com Jesus e abandonou-o em seu quarto? Se sua fé em Deus tira a alegria desse marido, como o rosto dele brilhará? E por que eles estão sempre felizes diante da face do Pai no céu? É verdade que a dor ou a tristeza interior podem banir inocentemente todo sorriso, mas mesmo o peso do coração não tem o direito de derrubar a vasilha sobre a candeia, fazendo com que nenhum raio de luz possa sair para contar que o amor ainda queima por dentro. O marido deve, pelo menos, deixar seus entes queridos saberem que o descontentamento aparente em seu semblante turvo não é em decorrência deles.

Que doce cor a luz divina assume em delicadeza, cuja perfeição é o reconhecimento de cada um como templo do Deus vivo. O templo pode estar bastante arruinado e tristemente profanado, mas se Deus o tivesse deixado, constituiria uma pilha de escombros e não uma casa.

Ao lado do amor, a luz brilhará com justeza de modo especial. Qual luz pode haver naquele que está sempre pensando em si, sem se atentar para a razão ou o direito do seu adversário? E, certamente, se alguém mostra misericórdia, bem como justiça, deve fazê-lo com alegria.

Contudo, se toda a nossa luz brilhar, projetando-se para fora, e nenhuma de nossas trevas se exteriorizar, não correremos o risco extremo da hipocrisia? Sim, se estivermos apenas escondendo nossas trevas e não nos esforçando para matá-las com nossa luz. E de que modo conseguimos mostrar nossas trevas enquanto lutamos para destruí-las? Somente quando valorizarmos o mal. Há hipocrisia em escondê-lo. Alguém que luta honestamente contra as trevas, sem nada mostrar, já é vencedor em Cristo ou será em breve — e é mais do que puro. Porém, devemos deixar brilhar nossos bons sentimentos, aqueles que contribuem para a justiça e a unidade; eles buscam a comunhão com a luz nos outros. Muitos pais e mães guardam palavras não ditas capazes de remover centenas de pesos do coração de seus filhos; sim, fariam com que saltassem de alegria. Um pai severo e uma mãe silenciosa deixam os filhos tristes ou, o que é muito pior, difíceis. É preciso acrescentar que se alguém ouve a ordem de deixar sua luz brilhar, mas faz brilhar a si próprio, é porque a luz não está nele!

Mas o que dizer das pessoas que, em nome da religião, deixam apenas suas trevas saírem — as trevas da opinião venerada, as trevas da honra com os lábios e da desobediência? Essas pessoas são as que rasgam o Corpo de Cristo em pedaços com os explosivos da disputa sob o argumento de uma unidade que só eles entendem, a saber, uma uniformidade insignificante. O que responder sobre o "bom frequentador da igreja" e o "forte dissidente" que, escondendo sua verdadeira luz sob a vasilha de seu espírito partidário, se é que a tem, irradiam apenas repulsa? Não há cisma nenhuma no uso de diversas formas de pensamento ou adoração: a verdadeira honestidade nunca é cismática. O verdadeiro cismático é quem afasta o amor e a justiça do próximo e mantém teorias diferentes das deles sobre a filosofia religiosa ou a constituição da igreja; quem nega ou evita seu irmão porque este não segue com ele; quem o denomina cismático porque prefere este ou aquele modo de adoração pública. O outro *pode* ser cismático, mas ele próprio certamente é. Esse indivíduo anda nas trevas da opinião, não na luz da vida, não na fé que opera pelo amor. O pior de tudo é a divisão em nome de Cristo, cujo objetivo consistia na unidade. Nem Paulo, nem Apolo, nem Cefas — muito menos Cristo — será o líder de qualquer partido, exceto o de seus escolhidos, o partido do amor — do amor que é paciente, e bondoso; não inveja, não se vangloria, não se orgulha, não maltrata, não se ira facilmente, não guarda rancor, não se alegra com a injustiça, mas com a verdade; tudo sofre, tudo crê, tudo espera, tudo suporta.

"Deixe sua luz brilhar", diz o Senhor: se não tenho nenhuma, o chamado não pode se aplicar a mim; mas devo lembrar-me de que, durante a noite, quando penso em mim, que o Senhor venha sobre mim como um ladrão. Porém, pode haver aqueles, e penso que são numerosos, que tendo alguma luz ou imaginando que a têm, não possuem o suficiente para conhecer o dever de deixá-la brilhar sobre seus próximos. O Senhor deseja que seus discípulos estejam tão vivos com sua luz, que ela sempre brilhe de cada um para todos; e todos, em uma eterna resposta, continuem glorificando o Pai. Você espera, amigo, a chegada do bom momento em que conhecerá como é conhecido? Que a alegria da sua esperança flua sobre os seus próximos. Envolva-os naquilo que alegra você. Deixe sua natureza crescer mais expansiva e comunicativa. Pareça a pessoa que você é — alguém que sabe sobre algo muito bom. Você crê que está no caminho para o cerne das coisas: ande e brilhe de modo que todos os que o virem queiram seguir com você.

Que luz é capaz de brotar das pessoas que fazem seus rostos ansiarem pelo nome da morte, que olham e falam como se fosse o fim de todas as coisas e o pior dos males? Jesus disse a seus discípulos para não temerem a morte; disse-lhes que seus amigos deveriam partir para ficar com ele; disse-lhes que deveriam morar na casa do Pai; e, desde então, ele se levantou do túmulo e foi preparar um lugar para esses amigos: quem ou o que são esses desgraçados que recusam conforto? Com certeza não são cristãos! Oh, sim, eles são cristãos! "Eles se foram", dizem eles, "para estar com o Senhor para sempre"; e então choram e lamentam, parecendo mais temerosos de se juntarem a eles do que de qualquer outra coisa sob sol! Até o último momento, eles agarram-se ao que chamam de vida. São crianças — já houve alguma outra criança assim? — que se dependuram, chorando, nas saias da mãe e não são pegas no colo. Eles não concordam com Paulo: não é melhor estar com o Senhor! Eles veneram seu médico; sua oração ao Deus de sua vida tem a finalidade de poupá-los de mais vida. Que tipo de cristãos são eles? Onde brilha sua luz? Ai de você, pobre mundo, se não tivesse luzes melhores do que essas!

Vocês que têm luz, mostrem-se filhos e filhas da Luz de Deus, da Esperança — herdeiros de uma grande plenitude. Deixem sua luz brilhar livremente.

Apenas cuidem de não fazer sua justiça diante dos homens, mas de serem visto por eles.

A MÃO DIREITA E A ESQUERDA

Tenham o cuidado de não praticar suas "obras de justiça" diante dos outros para serem vistos por eles. Se fizerem isso, vocês não terão nenhuma recompensa do Pai celestial [...] Mas, quando você der esmola, que a sua mão esquerda não saiba o que está fazendo a direita, de forma que você preste a sua ajuda em segredo. E seu Pai, que vê o que é feito em segredo, o recompensará.

Mateus 6:1,3-4

eixem sua luz sair livremente a fim de que as pessoas possam vê-la, mas não a vocês. Se eu fizer algo, não porque precisa ser feito, não porque Deus assim o queira, não para fazer o certo, não porque seja honesto, não porque eu ame a coisa, não para ser fiel ao meu Senhor, não para que a verdade seja reconhecida como verdade e pertencente a ele, mas para eu ser reconhecido como o praticante, para ser elogiado pelas pessoas, para poder ganhar reputação ou fama; mesmo que a coisa em si seja muito boa, só poderei esperar das pessoas a minha recompensa, pois não haverá nenhuma do Pai. Se essa luz consistir no meu prazer e eu a fizer a fim de que brilhe e as pessoas conheçam *a* Luz, o Pai das luzes, faço bem; mas se fizer isso para ser visto brilhando, para a luz ser notada como emanando de mim e não de outro, então sou daqueles que buscam a glória das pessoas e adoram a Satanás; a luz que através de mim pode iluminar outros, será, em mim e para mim, trevas.

"Mas, quando você der esmola, que a sua mão esquerda não saiba o que está fazendo a direita." (Mateus 6:3). Como, então, deixarei minha luz brilhar, se me esforço para esconder o que faço?

A injunção não é esconder dos outros o que você faz, mas esconder de si. O Mestre deseja que você não se gabe disso, não acalente o pensamento de que o fez ou converse consigo sobre isso. Você não deve contar o ato para seu louvor. Uma pessoa não deve desejar sentir-se satisfeita consigo mesma. Sua mão direita não deve buscar o elogio de sua mão esquerda. Sua atitude não deve demandar reflexão posterior. A mão direita deve esquecer o que foi feito, considerar como acabado. Não devemos meditar a respeito de nada, nem sobre algo excelente a ser feito nem sobre algo que fizemos. Não devemos imaginar que há algum mérito em nós: seria amar uma mentira, pois não podemos ter nenhum; isso não é possível. Há algo a se orgulhar na recusa em adorar o diabo? Trata-se de algo grandioso, meritório, não ser vil? Depois de fazer tudo, somos servos inúteis. Nosso melhor é apenas razoável. O que mais poderia ser? Por que então pensar nisso como algo mais? O que poderíamos fazer — ou qualquer um — digno de ser pensado como posse? Foram atitudes boas; no entanto, ruins de nos orgulharmos. Por que deveria alguém sentir satisfação ao refletir que negou alguma indulgência egoísta a si, mais do que ter lavado as mãos? Podemos saborear a rejeição de uma canalhice como se consistisse em um pedaço de doce nas nossas línguas? Essas pessoas podem ter sido as piores canalhas de todas e, ainda assim, orgulharem-se de não ter cometido uma canalhice; contudo, seu orgulho apenas as tornaria mais capazes de cometê-la quando a tentação surgisse. Mesmo que nosso suposto mérito fosse positivo e cumpríssemos todos os deveres com perfeição, assim que começássemos a nos orgulhar, cairíamos em um inferno de inutilidade. Para que servir senão a fim de cumprir nosso dever? Devemos cumpri-lo sem pensar nada a nosso respeito, sem nos importarmos com o que as pessoas acham de nós. Não temos nada com o elogio ou a censura das pessoas. A censura, todavia, pode ser algo bom, o elogio não. Porém o pior tipo de elogio humano é o que fazemos a nós mesmos. Não devemos agir de modo a sermos vistos por nós próprios. Não devemos buscar nem mesmo a aprovação das pessoas, mas a de Deus; do contrário, fecharemos a porta do Reino por fora. Sua aprovação apenas acelerará nosso senso de indignidade. Como assim?! Buscar o elogio das pessoas por sermos justos com nossos próprios irmãos e irmãs? Como assim?! Buscar o elogio de Deus por colocar nossos corações aos pés daquele a quem pertencemos totalmente? Não há orgulho tão mesquinho — e todo orgulho é absoluta e essencialmente mesquinho — como o orgulho de ser mais santo do que o nosso próximo, exceto o orgulho de ser santo. Essa santidade imaginada é imundície. A própria religião no coração dos que não são verdadeiros constitui uma coisa morta; o que nela parece vida é a vida cheia de vermes de um cadáver.

Há uma palavra no contexto, como também na RC69, que costumava me incomodar, parecia tornar sua publicidade parte da recompensa por fazer em segredo determinadas coisas certas: refiro-me à palavra *publicamente* em Mateus 6:4[1] o que faz parecer que o Senhor diz: "Evitem o elogio das pessoas, e, no final, vocês terão o elogio das pessoas". — "Teu Pai, que vê em segredo, te recompensará publicamente." *Sua recompensa será vista pelas pessoas! E você, visto como o recebedor da recompensa!* De que outra maneira a palavra, antes ou agora, poderia ser compreendida de maneira justa? Deve ser a interpolação de algum escriba judeu, que, mesmo depois de aprender um pouco do Cristo, continuou incapaz de conceber como recompensa qualquer coisa que não extraísse pelo menos parte de sua doçura dos olhos atentos da multidão. Fico feliz em descobrir que a palavra não está nos melhores manuscritos; e Deus seja agradecido por ter sido omitida nas versões mais modernas. O que deveríamos pensar da ousadia necessária para interpolá-la? Porém, de igual tipo, é a ousadia necessária para tamanha exposição das palavras do Mestre. O que os seres humanos não tiverem fé suficiente para receber, diluirão com base na sua própria capacidade de receber. Se alguém perguntou: "Por que o Senhor deixou a palavra permanecer ali tanto tempo se nunca a disse?", eu respondo: talvez para que as mentes de seus discípulos ficassem perturbadas com sua presença, levantassem-se contra ela e fizessem algo honroso

---

[1] Mateus 6:4 na versão RC69: "Para que a tua esmola seja dada ocultamente: e teu Pai, que vê em segredo, te recompensará publicamente". (N. do E.)

ao Senhor, retirando-a — e assim a Sabedoria seria justificada por seus filhos.

Todavia, há alguns que, se a noção de recompensa não lhes constitui um problema natural, passam ainda assim a senti-la em decorrência das palavras de certos opositores que acreditam ter uma posição mais elevada do que a do cristão e alegam ser baixa e indigna a ideia de recompensa por fazer o que é certo. Agora, em verdade, seria uma coisa baixa qualquer filho fazer a vontade de seu Pai esperando recompensa do Pai por isso; contudo, constitui algo diferente quando um Pai, cujo filho se esforça por agradá-lo, deixa-o saber que ele reconhece sua imaturidade e então lhe é paternalmente bom. Que tipo de pai seria o homem que, por não haver mérito ou merecimento em fazer o bem, não desse a seu filho um sorriso ou uma palavra de satisfação quando o visse dar o melhor de si? Esse reconhecimento do pai não seria o correlato natural do comportamento do filho? E o que seria o sorriso do pai senão a recompensa perfeita para o filho? Suponha que o pai ame o filho, de modo que ele queira dar-lhe tudo o que possui, mas não ouse até que seu caráter esteja desenvolvido: ele não deve se alegrar e mostrar sua alegria a cada sombra de progresso que finalmente libertará seu filho para que receba tudo o que ele tem? "Sou um servo inútil", diz a pessoa que cumpriu seu dever; mas seu senhor, vindo inesperadamente e encontrando-o em seu posto, veste-o e o faz sentar-se para comer, e vem e o serve. Como poderia a ordem divina das coisas, fundada para crescimento e melhoria gradual, manter-se e prosseguir sem a noção de retribuição por uma coisa feita? Deve haver apenas correnteza e nenhuma maré? Como podemos ser trabalhadores de Deus em sua obra e ele nunca dizer "Obrigado, meu filho"? Deus se alegrará com o sucesso do seu filho e não lhe dará nada? Seria ele o lavrador que se beneficia do trabalho do seu boi e amordaça sua boca? Quando alguém trabalha para o outro recebe seu salário, e a sociedade existe com base na dependência do ser humano em relação ao outro por meio do trabalho e do salário. O diabo não é o inventor desta sociedade; ele inventou a noção de uma certa indignidade no trabalho, ainda maior nos salários; e, seguindo isso, constituiu uma sociedade à sua própria semelhança, que despreza o trabalho, deixa-o por fazer e, assim, pode exigir o seu salário sem vergonha.

Se você alega: "Ninguém deve fazer o que é certo por causa da recompensa", vou mais longe e digo: "Ninguém pode fazer o que é certo por causa da recompensa. Uma pessoa pode fazer algo indiferentemente; ela pode fazer algo errado por uma questão de recompensa; mas algo certo em si, feito por causa de recompensa, deixaria de ser certo ao ser feito". Ao mesmo tempo, se alguém faz o que é certo, ele não pode escapar de ser recompensado por isso; e recusar a recompensa seria recusar a vida e frustrar o amor criativo. A questão toda é sobre o tipo de recompensa esperada. Qual é a primeira recompensa por fazer o bem que eu posso buscar? Para crescer mais puro de coração e mais forte na esperança de finalmente ver Deus? Se uma pessoa não for atrás de uma recompensa desse tipo, ela deve perecer. Quanto à felicidade ou quaisquer recompensas inferiores que naturalmente seguem a primeira — Deus deve destruir a lei de seu universo, a sequência divina de causa e efeito, para dizer: "Você deve fazer o bem, mas não ganhará nenhum bem com isso; você deve levar uma existência monótona e sem alegria por toda a eternidade, para que a falta de deleite possa fazer-lhe puro"? Poderia o Amor criar com essa finalidade em vista? A justiça não exige a criação; é o Amor, não a Justiça, que não pode viver sozinho. A criação já deve existir, antes que a Justiça possa reivindicá-la. Porém, corações e almas ali, o próprio Amor que criou para o amor e a alegria pressiona primeiro a reivindicação da Justiça.

A MÃO DIREITA E A ESQUERDA

Uma justiça que para se sustentar criou a desventura seria uma justiça injusta. Deus morrerá pela justiça, mas nunca cria por uma justiça sem alegria. Chamar à existência o que é necessário e irremediavelmente incompleto seria uma criação errada em sua própria essência. Criar para o conhecimento de si e então não se dar seria uma injustiça até para a crueldade; e se Deus dá a si mesmo, que outra recompensa não está inclusa, visto que ele é a Vida e todos os filhos dela — ele tudo em todos? Será necessário o máximo de alegria que Deus possa dar para que os seres humanos o conheçam; e que pessoa, conhecendo-o, se importaria em perder todas as outras alegrias? Qual outra alegria poderia deixar de entrar onde o Deus da alegria já habitava? A lei do universo se mantém, e se manterá, louvado seja o nome do Pai! — "o que o homem semear isso também colherá" (Gálatas 6:7). "Eles semeiam vento e colhem tempestade" (Oseias 8:7). "Quem semeia para a sua carne, da carne colherá destruição; mas quem semeia para o Espírito, do Espírito colherá a vida eterna" (Gálatas 6:8). "A quem tem será dado, e este terá em grande quantidade. De quem não tem, até o que tem lhe será tirado" (Marcos 4:25).

Fazer objeções ao cristianismo como egoísta é uma total tolice; apenas o cristianismo dá alguma esperança de libertação do egoísmo. É egoísmo desejar amar? É egoísmo esperar pureza e ver Deus? O que podemos fazer melhor por nosso próximo do que nos tornarmos totalmente justos para com ele? Não estará ele mais perto de compartilhar a recompensa excessivamente grande de um retorno à ideia divina?

Onde está o mal direcionado a Deus, onde está o mal direcionado a meu próximo, se às vezes penso nas alegrias de seguir a trilha do amor perfeito? Não é a atmosfera de Deus, o próprio amor, o próprio sopro do Pai, onde não pode flutuar a mais tênue contaminação do egoísmo, o único material com que construir os castelos arejados do céu? "Criador", pode gritar o coração pueril,

A ESPERANÇA DO EVANGELHO

"dá-me todo o salário, toda a recompensa que teu coração de Pai perfeito pode dar a um filho não merecedor. Meu salário adequado pode ser dor, tristeza, humilhação de alma: eu estendo minhas mãos para recebê-las. Tua recompensa será tirar-me do lamaçal do amor-próprio e trazer-me para mais perto de ti e de teus filhos: seja bem-vinda, a mais divina das coisas boas! Tua maior recompensa é o teu presente mais puro; tu me fizeste para isso desde o início; tu, a vida eterna, ainda tens trabalhado para me preparar a fim de recebê-la — a visão, o conhecimento, a posse de ti mesmo. Só posso buscar o que tu esperas e cuidas para dar: que eu seja aquele a quem teu amor pode fluir."

Parece-me que o único mérito capaz de viver diante de Deus é o de Jesus — que, de si mesmo, não ensinado nem suplicado, deixou-se de lado e voltou-se para o Pai, recusando sua vida a não ser no Pai. Como Deus, ele escolheu a justiça por si, e por essa razão mereceu sentar-se no trono de Deus. No mesmo espírito, ele se entregou posteriormente aos filhos de seu Pai e mereceu o poder de transfundir a energia redentora de vida de seu Espírito no deles: aperfeiçoado, ele se tornou o autor da salvação eterna para todos os que lhe obedecem. Porém se trata de uma palavra pouco ousada, Jesus não intencionava obter algum mérito pelo que fez — ele viu apenas o que precisava ser, o que deveria fazer (falo à maneira simplista de alguém perdido no que lhe é grande demais, mas que constitui sua própria vida) —, onde pode estar o mérito de alguém se recusar a descer ao abismo da perda — perda do direito de ser, perda de seu Pai, perda de si mesmo? Satanás, com todos os instintos e impulsos de sua origem, teria *merecido* a vida eterna por se recusar a ser um demônio? Mesmo assim, ele teria tido a vida eterna; mesmo assim, estaria envolto no amor e na confiança do Pai. Ele teria recebido sua recompensa. Não posso imaginar algo criado que mereça qualquer coisa, exceto pela gentileza divina.

A MÃO DIREITA E A ESQUERDA

Suspeito que a noção de mérito pertença a um baixo desenvolvimento e quanto mais alto alguém ascende, menos achará que vale a pena pensar sobre isso. Talvez cheguemos a concluir que o mérito só exista em decorrência do ser humano e que consiste em algo só por ele pensado. Suspeito que não seja um pensamento da mente eterna e não tenha existência em si, constituindo, para Deus, apenas uma coisa concebida pelo ser humano. Pois o mérito existe do ser humano para outro, e não do ser humano para ti, Senhor.

O ser humano, então, que faz o que é certo e não busca elogios, embora nada mereça, será recompensado por seu Pai, e sua recompensa será muito preciosa para ele.

Devemos deixar nossa luz brilhar, fazer nossa fé, nossa esperança, nosso amor se manifestarem, para que as pessoas possam louvar, não a nós por brilharmos, mas ao Pai por criar a luz. Ninguém com fé, esperança e amor vivos em sua alma poderia fazer dos bens divinos um espetáculo para ganhar a admiração das pessoas: mesmo assim, eles devem aparecer em nossas palavras, em nossos olhares, em nosso comportamento — sobretudo, em atos honrosos, altruístas, hospitaleiros e úteis. Nossa luz deve, sim, brilhar com disposição, alegria, onde alguém tiver o dom, e com festejo; na liberdade para cuidar dos outros, no interesse pelas coisas dos outros, no destemor e na ternura, na cortesia e na graciosidade. Em nossa raiva e indignação, especialmente, nossa luz deve brilhar. Todavia, não devemos dar clemência ao pensamento mais sombrio de como isso ou aquilo parecerá. Devemos nos afastar do mais leve pensamento de elogio das pessoas. Ninguém pode ser discípulo de Cristo e desejar a fama. Desejar a fama é ignóbil; é ganância pobre. Na mente nobre, consiste ainda mais em uma doença. Não há aspiração nisso — nada além de ambição. Trata-se simplesmente de egoísmo que ficaria orgulhoso se pudesse. A fama é o aplauso de muitos, e o julgamento

A ESPERANÇA DO EVANGELHO

de muitos é tolo; portanto, quanto maior a fama, mais a loucura que a aumenta e, pior, a loucura que anseia por ela. A aspiração é a única saída para a ambição. Aquele que aspira — isto é, se esforça para se elevar acima de si mesmo — não deseja ser superior a seu próximo, nem busca elevar-se em sua opinião. Quanto mais luz houver nele, mais ele se afastará da necessidade de ser visto pelas pessoas. Ele está parado na névoa entre o abismo e a glória, e olha para cima. Ele não ama sua própria alma, mas deseja ser limpo.

Do abismo para a glória,
Pai, minha alma clama para ser elevada.
As trevas são a trama da minha história sombria,
Transpassando teu tecido de sol, tempestuosamente à deriva!
Fora do abismo e para a glória,
Eleva-me e salva minha história.

Eu fiz muitas coisas vergonhosas;
Eu sou um homem envergonhado, meu Pai!
Minha vida é cheia de vergonha, de pedaços e de culpa —
O que for cheio de pedaços e de culpa, oh, purifica e ajunte!
Envergonhe-me sinceramente, Senhor, do que é vergonhoso!
Ao meu Juiz, eu corro com toda minha culpa.

Salvador, em paz na tua pureza perfeita,
Pensa o que é não ser puro!
Forte na segurança essencial do teu amor,
Pensa naqueles que nunca estão seguros.
Preencha minha alma com a luz da tua pureza;
Envolve-me na segurança do amor.

Ó Pai, ó Irmão, meu coração está doendo;
Ajuda-o a doer tanto quanto for necessário;

A MÃO DIREITA E A ESQUERDA

És tu me limpando, consertando, refazendo;
Queridas mãos de oleiro, tão ternas e cuidadosas!
Estou enojado do meu passado, do meu próprio sofrimento —
Continuem me machucando, queridas mãos, com o seu operar.

Orgulhoso da forma que tu deste ao teu vaso,
Orgulhoso de mim mesmo, esqueci-me do meu doador;
Embaixo, no pó, comecei a me aconchegar;
Não te servi vinho e bebi profundamente da desonra!
Senhor, tu quebraste, tu consertaste o teu vaso!
No pó da tua glória eu me aconchego.

Ó Senhor, a ardente expectativa da tua criação espera a manifestação dos filhos de Deus.

A ESPERANÇA DO UNIVERSO

*Porque a ardente expectação
da criatura espera
a manifestação dos
filhos de Deus.*
Romanos 8:19 (RC69)

entemos, por meio dessas palavras, captar a ideia do que elas significavam na mente de Paulo, ideia que perdurou por tanto tempo. Elas não podem representar um pensamento sem valor — uma mera banalidade que pode ser abandonada por alguém que não a compreenda de imediato. As palavras significam algo que Paulo acreditou estar vitalmente associado à vida e à morte de seu Mestre. Ele tinha visto Jesus com seus olhos corporais, eu creio, mas não só com eles, também com os olhos reais, os olhos que não veem a não ser que entendam; e a visão dele elevou toda sua natureza — primeiro, sua vontade pura de justiça e, então, sua imaginação esperançosa; a partir delas, com o conhecimento de Jesus, ele falou.

As cartas que Paulo deixou para trás, escritas com o poder desta elevação, despertaram apenas ideias pobres em mentes pobres; pois as palavras, se parecem significar alguma coisa, devem sempre parecer significar algo dentro do escopo da mente que as ouve. As palavras não podem transmitir o pensamento de um pensador a um não pensador; de uma alma em grande parte aspirante e insatisfeita consigo a uma criatura satisfeita com sua pobreza e que considera suas escassas faculdades como o padrão humano. Elas também não revelarão prontamente a mente de alguém que é, há muito tempo, um pensador a alguém que apenas recentemente começou a pensar. Quanto mais elevada for a noção do leitor do que Paulo pretendia — isto é, quanto mais elevada for a ideia despertada por suas palavras, mais provável que se trate da mesma ideia que comoveu aquele que viu Jesus, ideia que não lhe pertencia mais. Se alguém errar em sua interpretação, dificilmente será por atribuir a suas palavras uma intenção muito elevada.

Primeiramente, o que Paulo, o servo de Cristo, pretendia com o termo *a criatura* ou *a criação*? Se ele se referia ao *mundo visível,*

A ESPERANÇA DO UNIVERSO

com certeza e sem dizê-lo, não pretendia excluir a parte mais nobre dele — a senciente! Se o fez, é duplamente estranho ter atribuído de imediato não apenas sentido, mas sentido consciente, àquela parte, a não senciente, ou seja, a qual restou. Se você disser que ele fez isso apenas como uma figura de linguagem, eu respondo que uma figura que significasse menos do que dizia — e quanto menos não diria? — seria uma figura totalmente indigna do mensageiro do Senhor.

Primeiramente, repito, para excluir o senciente do termo comum a ambos nas palavras *criação* ou *criatura* — e então atribuir as capacidades do senciente ao não senciente, como uma mera figura para expressar as esperanças dos seres humanos no que diz respeito ao aperfeiçoamento do não senciente para o conforto dos seres humanos, seria uma violência tão imprópria na retórica quanto em sua própria natureza. Tome outra parte do mesmo enunciado: "Porque sabemos que toda a criação geme e está juntamente com dores de parto até agora": não é manifesto que interpretar tais palavras como referindo-se às meras imperfeições do mundo material inumano seria fazer da frase uma hipérbole sem valor? Estou inclinado a acreditar que o apóstolo considerava toda a criação visível como, em graus de consciência muito diferentes, um resultado vivo do coração do Vivente, que é tudo e está em todos: em tal visão, por sua vez, eu não me importo em insistir; eu apenas me importo em argumentar que a palavra *criatura* ou *criação* deve incluir tudo na criação que tem vida senciente. O fato de eu incluir na classe um número maior de fenômenos do que um leitor pode estar preparado para admitir, não afetará de forma alguma a força do que tenho a dizer, visto que meu ponto é simplesmente este: que no termo *criação*, Paulo compreende todas as criaturas capazes de sofrer; cuja condição senciente, portanto uma parte superior, lhe dá oportunidade de falar de toda a criação como sofrendo no processo de sua

167

evolução ou desenvolvimento divino, gemendo e sofrendo como nas dores de dar à luz um eu melhor, um mundo mais nobre. Não é necessário para a ideia de que a criação deve saber pelo que geme ou em que consiste a condição superior que constitui sua libertação. A raça humana geme por libertação: o quanto ela sabe que sua redenção reside no fato de se tornar um com o Pai e participar de sua glória? Aqui e ali, alguém da raça humana sabe disso — o que é com certeza uma promessa para ela —, mas não se pode dizer que a raça humana conhece sua própria deficiência ou, mesmo, que tenha uma noção remota do que, sozinho, pode impedir seu gemido. Da mesma forma, toda a criação geme depois de um nascimento imprevisto, mas essencial — geme com a necessidade de ser libertada de um estado apenas transitório e não verdadeiro, de uma condição que não atende à intenção na qual a existência começou. Tanto na criação inferior quanto na superior, este mesmo gemido da ideia acorrentada por uma vida mais livre parece o primeiro decreto imposto por um destino santo e, em si mesmo, o primeiro movimento do que está bloqueado em direção à liberdade de outro nascimento.

Acreditar que Deus fez muitas das criaturas inferiores apenas para servirem de presas ou para serem escravas de um escravo e se contorcerem sob as tiranias de um senhor cruel que não servirá ao seu próprio senhor; que ele criou e está criando uma sucessão infinita deles para colher pouco ou nenhum bem da vida, mas sua interrupção — uma doutrina mantida por alguns e praticamente aceita por multidões —, é acreditar em um Deus que, no que se refere a uma parte de sua criação pelo menos, é um demônio. Porém, um demônio criativo é um absurdo; se tal criador fosse possível, ele não seria Deus, e um dia seria encontrado e destruído pelo Deus real. Não obstante, permanece o fato de que o sofrimento miserável é abundante entre eles e que, mesmo supondo que Deus não tenha previsto o que a criação resultaria

A ESPERANÇA DO UNIVERSO

para eles, isso ainda constitui sua responsabilidade. Deus, além disso, os tornou tão ignorantes, que eles não podem mudar os corações dos opressores em cujas mãos ele os entregou, dizendo quão difícil eles acham o mundo, quão dolorosa é sua vida. O apóstolo aborda o caso e nos dá material para responder àqueles que culpam a Deus por sua triste condição.

Muitos, eu suspeito, depreendem, do capítulo oito da Epístola de Paulo aos Romanos, no máximo isso e nada mais: que, na vinda do Senhor, quando quer que seja, os animais inferiores vivos, com outros que poderão vir a existir, levarão uma vida feliz, daí em diante, pelo tempo que lhes foi concedido! Fortes campeões de Deus, esses cristãos fervorosos! Que amantes da vida, que discípulos de Paulo! Não! Que discípulos de Jesus, para quem tal brilho é consolo para os gemidos de um universo!

Francamente, a fornalha da aflição que eles assim extinguiriam exala ainda mais um mau odor! Para todas as criaturas que através dos tempos de miséria gemeram, trabalharam duro e morreram, para esses cristãos mornos é suficiente que elas estejam mortas; portanto, como eles argumentariam depreendendo disso agora? "Está tudo bem com elas", parece que as ouço dizerem: "elas são tratadas com misericórdia; seus sofrimentos acabaram; elas não tiveram que viver para sempre na opressão. O Deus da vida delas tirou-lhes o passado e não as aflige com um futuro!". É verdade que este não foi um pequeno consolo para os que partiram! Certamente, o descanso é melhor do que a labuta e a dor incessantes! Todavia, o que podemos dizer de um Deus tão negligente como aqueles cristãos se contentam em adorar? Ele é um Deus misericordioso? Ele é um Deus amoroso? Como ele morrerá para escapar do remorso da autoria de tanta miséria? Nossa pena passa da criatura morta para o Criador vivo, que poderia viver e se conhecer como o Criador de tantos corações extintos e cujo amigo era, não ele, mas a Morte. Bendito seja o nome do Pai de Jesus, tal criador não existe!

Pois não temos a ver apenas com os mortos; há aqueles que vivem e sofrem: não há consolo para eles, a não ser apenas que também finalmente morrerão e deixarão sua desgraça? E o que dizer daqueles que estão vindo e ainda virão e falecerão — saindo sempre da fonte da vida, diariamente nascidos em coisas más? Será que o consolo de que logo morrerão bastará para o coração da criança que se lamenta por seu pássaro ou coelho morto, e amaria de bom grado aquele Pai no céu que continua fazendo as criaturas? Infelizmente, eles estão se aglomerando; não podem ajudar a si mesmos; sua desgraça os espera! Será que aqueles cristãos querem que eu acredite em um Deus que diferencia as criaturas de si mesmo, apenas para que possam ser vítimas de outras criaturas ou passar algumas horas ou anos desamparadas e solitárias, sem palavras e sem súplica, em mãos impiedosas, e então morrer para serem nada? Eu não vou; em nome de Jesus, eu não vou. Se o Senhor não tivesse um discernimento maior, teria ele dito o que disse sobre o Pai dos homens e os pardais?

O que muitos homens chamam de crenças são apenas os preconceitos que adquiriram por acaso: por que deveriam tais cristãos desperdiçar um pensamento sequer sobre como seus miseráveis concidadãos do planeta se saem? Muitos, de fato, passaram a vida toda ocupados fazendo seus próximos gemerem e suarem por seu próprio bem-estar imaginado, ao pensar no destino dos ainda mais desamparados. Porém, não são poucos os que ficariam indignados por terem sua crença em Deus questionada, embora pareçam temer muito imaginá-lo melhor do que ele é: será que é Deus ou essas pessoas que temem ferir por esperar muito dele? — "Vocês podem ver os fatos simples da questão!", dizem eles. "Não há como questioná-los! O que pode ser feito pelos pobrezinhos, a não ser que você coloque na cabeça a noção absurda de que eles também têm uma vida além do túmulo?"

Por que essa noção parece absurda para vocês? Eu respondo: parece-me que, por incredulidade, os mestres da nação involuntariamente prejudicaram de modo profundo os animais por seu silêncio ante a irrefletida presunção popular de que eles não têm outra vida; deixando-os assim privados de uma grande posição de vantagem entre os seres humanos. Todavia, suponho que eles também presumiram que o Mantenedor do ser humano e do animal nunca pensou em manter um animal vivo além de um certo tempo; nesse caso, os seres humanos sem coração poderiam muito bem argumentar que ele não se importava com a forma como lhes fazem mal, pois ele não pretendia ressarci-los. A imortalidade deles não constitui uma nova fé para mim, mas tão antiga quanto minha infância.

Você acredita na sua imortalidade? Eu perguntaria a qualquer leitor que não simpatize com a esperança que nutro pelos animais. Se não, não tenho o que argumentar com você. Contudo, se você acredita, por que não acreditar nisso também no que se refere a eles? Na verdade, se a imortalidade não fosse uma coisa maior para os animais do que parece para os seres humanos, para alguns que ainda professam esperá-la, eu mal me importaria de insistir na questão. Todavia, se o pensamento for valioso para você, é essencial, para seu prazer nele, que você mesmo compartilhe de sua realização? Você é o tipo mais baixo de criatura a quem poderia ser permitido viver? Se Deus tivesse o mesmo coração que você, teria ele dado vida e imortalidade a criaturas, como nós, que são muito menos do que ele? Não vale a pena torná-las imortais? Por que, então, valeu a pena chamá-las das profundezas do não ser? Trata-se de um feito maior fazer ser o que não era do que selá-lo com uma imortalidade infinita: fez Deus o que não valia a pena fazer? O que ele achou que valia a pena fazer, você acha que não valia a pena continuar feito! Você gostaria que ele continuasse criando coisas novas com uma das mãos e aniquilando-as com a outra? Pois presumo que você não preferiria que a terra ficasse sem animais! Se para Deus fosse mais difícil fazer os primeiros animais continuarem a viver em vez de enviar novos, então suas criaturas não eram melhores do que os brinquedos que uma criança faz e então destrói. Com que finalidade ou propósito divino o Criador do pardal estaria presente em sua morte se ele não se importasse com o que ele viria a ser? Para que estaria ali, repito, se ele não se importasse que tudo corresse bem com seu pássaro na morte, a fim de que não ficasse sem conforto nem se perdesse no abismo? Se a presença dele não for boa para o pardal, você tem certeza de qual será seu fim quando sua hora chegar? Acredite, o coração do universo não é só um pouco mais terno, mais amoroso, mais justo e considerável do que o seu ou o meu.

Se você não acreditasse que pudesse sobreviver à morte, não poderia culpá-lo por pensar que tudo estava acabado para o pardal; mas acreditar na sua imortalidade e não se importar em acreditar na do pardal, seria apenas desumano e egoísta. Se você se alegra ao pensar que existe vida além da morte para você e o pardal, eu ficaria feliz em ajudá-lo, ao menos, a esperar que haja.

Não conheço nenhuma razão para não esperar que os animais ressuscitem, do mesmo modo que espero ressuscitar — ou seja, reaparecer, revestido de outra forma de vida, melhor do que antes. Se o Pai ressuscitará seus filhos, por que não deveria ressuscitar também aqueles a quem ensinou seus filhos a amar? O amor é o único vínculo do universo, o coração de Deus, a vida de seus filhos: se os animais podem ser amados, eles são amáveis; se podem amar, são ainda mais claramente amáveis: o amor é eterno; como então deve seu objeto perecer? A própria imortalidade do amor deve dividir o vínculo do amor? O amor deve viver sem seu objeto para sempre? Ou pior ainda, o amor deve morrer com seu objeto e não ser mais eterno do que ele?

Que correlação mal-inventada, no qual um lado é eterno, enquanto o outro, sem ter sido ainda aniquilado, perece constantemente! Não é nosso amor pelos animais uma preciosa variedade de amor? E se Deus deu-nos as criaturas a fim de despertar, em nós, uma nova fase do amor direcionada a outro tipo de vida surgida da mesma fonte, por que a nova vida seria mais efêmera do que o novo amor? A partir de então, você consegue imaginar que se um dos pequeninos de Deus lhe pedisse para devolver-lhe um dos antigos amores da terra — um gatinho, um pônei, um esquilo ou um cachorro — que lhe havia sido tirado, o Pai diria não? Se a criatura era tão boa a ponto de Deus criá-la e dá-la ao filho que, a princípio, nunca a pediu, por que ele não deveria devolvê-la ao filho que ora por ela, visto que o Pai fez com que a amasse? O que um filho pode pedir, o Pai manterá pronto.

Admito que há dificuldades em crer assim, mas nego que existem impossibilidades. Talvez a primeira dificuldade sejam as muitas formas de vida que não desejamos ver outra vez. Todavia, embora tenhamos prazer em manter as formas aperfeiçoadas dos animais superiores, podemos esperar que aqueles de muitos outros tipos sejam tão transitórios quanto seus corpos, pertencendo apenas a um estágio de desenvolvimento. Todas as formas animais tendem a ascender: por que o indivíduo, assim como a raça humana, não deveria passar por estágios de ascensão? Se eu mesmo, ao longo de meu caminho para tornar-me humano, passei por cada uma das formas típicas de vida inferior — uma suposição pela história pré-nascimento tornada provável — e, portanto, posso ter passado por qualquer número de formas individuais de vida, não vejo por que cada um dos animais inferiores também não deva ascender através de uma sucessão de encarnações melhoradas. Admito que a teoria requer

A ESPERANÇA DO EVÁNGELHO

outra para complementá-la, a saber: aqueles homens e mulheres que nem sequer preenchem aproximadamente as condições de sua posição elevada, que após a grande ideia humano-divina não se esforçarem para ascender, serão enviados de volta para aquele estágio de desenvolvimento, digamos do peixe, do inseto ou do réptil, além do qual sua natureza moral se recusou a avançar. Quem não viu ou conheceu homens que não *pareciam* ter passado ou mesmo se aproximado do desenvolvimento dc mais humano dos animais inferiores? Cuidado com aqueles que olham os animais com desprezo para que, ao fazer mau uso de um deles, não estejam fazendo mau uso de algum antepassado, cuja única misericórdia para com ele foi enviá-lo de volta para reassumir formas e condições muito anteriores — bem anteriores no desenvolvimento físico, isto é, mas não no desenvolvimento moral —, e assim ter outra oportunidade de ultrapassar a barreira constituída por ele mesmo. A sugestão pode parecer muito ridícula e, sem dúvida, prestar-se a comentários engraçados; mas e se fosse verdade? O que aconteceria se o leitor que achou graça estivesse se preparando para seguir o antepassado reencontrado? Com isso, porém, não me interessa perder tempo ou pensamento, muito menos argumentação; o que quero insistir é nessa questão: se acreditamos no progresso da criação como até agora manifestado, também nas maravilhosas mudanças de forma que ocorrem em cada indivíduo de certas classes, por que haveria qualquer dificuldade em esperar que vidas anteriores possam reaparecer em novas formas? A alma típica reaparece em um tipo formal superior; por que também a alma individual não pode reaparecer em uma forma superior?

Evidentemente, multidões consideram mais seguro ver as coisas de modo insípido: será por que, como Davi no poema *Saul*,

A ESPERANÇA DO UNIVERSO

de Browning[1], elas temam irritar o Doador ao inventar presentes melhores do que os dele? Não saber consiste na melhor razão para termos esperança na totalidade do que Deus tornou possível para nós. Se, então, errarmos, será na direção certa, e esse desvio será mais fácil de corrigir do que aquele advindo da recusa em imaginar, deixando os mais toscos preconceitos tradicionais governarem nossos corações e nossas mentes, sem nenhuma proposição a não ser a pobreza de sua expectativa das riquezas paternas. Aqueles que esperam pouco não podem crescer muito. Para eles, a própria glória de Deus deve se tratar de uma coisa pequena, pois sua esperança é tão diminuta que não vale a pena regozijar-se. O fato de ele ser um Criador fiel não significa nada nem para eles, nem para grande parte das criaturas que ele fez! Na verdade, sua noção de fidelidade é bastante fraca; como pode então sua fé ser forte? Na própria natureza das coisas divinas, o lugar-comum deve ser falso. A alma estúpida e satisfeita consigo, que não pode conhecer sua própria estupidez e não se preocupa em compreender ou imaginar, é a que está mais atrás de todas as crianças atrasadas no jardim da infância de Deus.

Então, como eu disse, não conheço nenhuma causa de dificuldade razoável em relação à existência continuada dos animais inferiores, exceto a natureza presente de alguns deles. Todavia, que cristão se atreverá a dizer que Deus não se importa com eles? — E ele os conhece como nós não podemos conhecê-los. Grandes ou pequenos, eles são seus. Grandes são todos os seus desfechos; pequenos são todos os seus começos. O fato de precisarmos enviar muitas de suas criaturas para fora desta fase de suas vidas por causa de sua dor nesta fase da nossa, não constitui para mim um obstáculo. O próprio fato de que isso sempre

---

[1] Robert Browning (1812-1889) foi um poeta e dramaturgo inglês da Era Vitoriana. (N. do T.)

precisou ser feito, o longo e prolongado combate da raça humana com esses animais, e a vitória sempre repetida, embora não invariável do ser humano, teve uma parte essencial e incalculável no desenvolvimento da humanidade, que é tornar o ser humano capaz de conhecer a Deus; e quando sua parte para esse fim não for mais necessária, as condições alteradas podem operar rapidamente de modo que o lobo more com o cordeiro, e o leopardo deite com o cabrito. A dificuldade pode ser inútil em vista das forças daquele futuro com o qual esta amorosa especulação preocupa-se.

Gostaria agora de aproximar meu companheiro um pouco mais do que o apóstolo diz no versículo dezenove; chegar mais próximo, se possível, da ideia que ardeu em seu coração quando Paulo escreveu o que chamamos de capítulo oito de sua Epístola aos romanos. Oh, quão longe ele parece, em sua esperança, pela criação da brigada de pés doloridos e hesitante dos cristãos que atualmente cruzam o mundo! Ele conhecia a Cristo e podia, portanto, examinar a vontade do Pai.

Porque a ardente expectação da criatura espera a manifestação dos filhos de Deus! (Romanos 8:19).

No título de um de seus poemas, Henry Vaughan tem esta tradução latina do versículo: não sei se ele o encontrou ou o fez, mas está mais próximo de seu sentido do que o nosso: "Pois as coisas criadas, observadas com atenção, mantendo-se a cabeça erguida em direção ao lado de fora, aguardam a revelação dos filhos de Deus."[2]

Por quê?

Porque Deus sujeitou a criação à inutilidade, na esperança de que a própria criação seja libertada do cativeiro da corrupção para

---

[2] Versículo em latim: *"Etenim res creatae exerto capite observantes expectant revelationem filiorum Dei."*

A ESPERANÇA DO UNIVERSO

a liberdade gloriosa dos filhos de Deus. Por esta dupla libertação — da corrupção e da consequente sujeição à inutilidade, a criação está prestando atenção ansiosamente.

O cativeiro da corrupção, Deus encontra e contra-ataca, sujeitando à inutilidade. A corrupção é o rompimento da ideia essencial; o afastamento do pensamento original residente e causador de vida. É enfrentada pelo sofrimento que ela mesmo causa. Esse sofrimento serve para redenção, para libertação. É a vida naquilo corrompido que torna o sofrimento possível; é a parte viva, não a parte corrompida que sofre; é o resgatável, não o condenado, que está sujeito à inutilidade. A espécie na qual o mal — isto é, a corrupção, age, precisa, como único meio para o seu resgate, de sujeição à inutilidade; trata-se da única esperança contra o domínio da corrupção; e toda a criação que circunda, abriga e ajuda deve sua cabeça para o bem da humanidade e, para seu próprio bem posterior, compartilhar desta sujeição à inutilidade com sua esperança de libertação.

A corrupção traz inutilidade, causa lacunas dolorosas e vazias na vitalidade. Essa dor é o que a maioria das pessoas considera um mal: é a desagradável cura do mal. O mal assume todas as formas de sofrimento — do corpo, da mente, do coração, do espírito. É totalmente benéfico: sem essa inutilidade sempre invasora, que esperança haveria para os ricos e os poderosos, acostumados e emaranhados em seu próprio caminho? Que esperança para o autoindulgente, o convencido, o ganancioso, o avarento? Quanto mais os seres humanos buscam as coisas, quanto mais variadas as coisas que eles imaginam que precisam, mais estão sujeitos à inutilidade — todas as formas das quais podem ser resumidas na palavra decepção. Aquele que não deseja morar com a decepção, deve buscar o incorruptível, o verdadeiro. Ele deve quebrar o cativeiro de possuir e do exibir; de rumores, elogios, pretensões e prazeres egoístas. Ele deve sair do falso para o real; das trevas

A ESPERANÇA DO EVANGELHO

para a luz; do cativeiro da corrupção para a gloriosa liberdade dos filhos de Deus. Para fazer os seres humanos romperem com a corrupção, o abismo dos fúteis abre-se diante deles. Espantados na alma, eles clamam: "Que grande inutilidade! Que grande inutilidade! Nada faz sentido!". E, além do abismo, começam a espiar o mundo eterno da verdade.

Observe agora "a esperança de que a própria criação", como algo além e diferente dos homens e das mulheres de Deus, "será libertada do cativeiro da corrupção, para a liberdade da glória dos filhos de Deus" (Romanos 8:21, NAA[3]). A criação, então, deve compartilhar a libertação, liberdade e glória dos filhos de Deus. A libertação da corrupção, a liberdade do cativeiro, deve incluir a fuga da própria origem e objetivo da corrupção, ou seja, a morte — e isso em todos os seus tipos e graus. Quando você disser que, para os filhos de Deus não há mais morte, lembre-se de que a libertação da criatura é do cativeiro da corrupção para a liberdade gloriosa dos filhos de Deus. Se estiverem mortos no cativeiro da corrupção, como podem eles compartilhar da liberdade dos filhos da Vida? Onde está sua libertação?

Se essas são as palavras do apóstolo, eu pergunto, ele tem ou não a ideia da imortalidade dos animais? Se você disser que tudo o que ele quis dizer é que as criaturas, vivas na vinda do Senhor, serão libertas da tirania do ser humano corrupto, remeto-lhe ao que já disse sobre a pobreza de tal interpretação, aceitando o fracasso da justiça e do amor para com os que já faleceram, estão falecendo e devem, antes disso, nascer a fim de morrer para sempre. Para o ser humano cujo coração dói ao adorar um Criador fiel, que conforto há em tão boas novas? Ele deve perecer por falta de um Deus verdadeiro! Oh, conclusão esfarrapada para a grande profecia! Deus é um zombador, que não será zombado? Existe

---

[3] Versão *Nova Almeida Atualizada*. (N. do E.)

um passado para Deus com o qual ele fez? Tempo é demais para ele? Ele é Deus o suficiente para cuidar daqueles que viveram em um tempo presente, mas não é Deus o suficiente para cuidar daqueles que viveram em outro tempo presente? Ou ele se importava com eles, mas não podia ajudá-los? Não deveríamos antes acreditar que os vasos de menos honra, os mal-usados, os maltratados, serão finalmente enchidos com o vinho criativo? Não devem os filhos ter cachorrinhos debaixo da mesa do Pai, aos quais deixar cair muitas migalhas? Se houve tal provisão para os pardais durante a estadia de nosso Senhor na terra, e ele a trará ainda melhor quando outra vez vier, como os pardais mortos e suas tristezas devem ser deixados para trás por aquele que não muda como sombras inconstantes? Ou teria valido muito a pena mencionar a libertação das criaturas nos gemidos pela liberdade, se dentro de alguns anos sua participação na glória dos filhos de Deus fosse desaparecer na morte? Todavia, os dons de Deus são irrevogáveis.

Como Paulo deseja e ama a liberdade! Um verdadeiro amante da liberdade é somente aquele que morrerá para dá-la ao próximo! Paulo amava a liberdade mais do que sua própria liberdade. Contudo, veja então quão diferente é sua noção de liberdade em seu caminho para os filhos de Deus, das maçantes fantasias modernas do céu ainda apresentadas nos hinários populares! O novo céu e a nova terra serão, ao menos, um céu e uma terra! O que seria a mais nova terra para os antigos filhos sem seus animais? Mais despojado do que o céu esvaziado das constelações que são chamadas por seus nomes. Então, se a terra deve ter seus animais, por que não os antigos, já queridos? Os filhos de Deus não são uma nova raça de filhos de Deus, mas a antiga raça glorificada: por que uma nova raça de animais, e não os antigos, glorificados?

O apóstolo diz que eles devem participar da liberdade dos filhos de Deus: não será então uma liberdade como a nossa, uma liberdade sempre pronta a ser oferecida no altar do amor? Que doce ministração não será o dos animais, assim oferecida! Quão doce também é ministrar a eles em suas necessidades! Pois eles fugirão para nós, sem dúvida, em busca de ajuda em qualquer dificuldade, como agora fogem de nós com medo de nossa tirania. Que característica mais adorável na nova terra do que os antigos animais glorificados conosco, em sua casa conosco — nossa casa comum, a casa de nosso Pai — cada espécie consistindo em um prazer inesgotável para a outra! Ah, que cavalos! Ah, que cachorros! Ah, que animais selvagens e que pássaros no ar! Toda a criação redimida constituirá o céu de Paulo. Ele havia aprendido daquele que não deixaria ninguém de fora; que deu aos seus assassinos a justificativa de que não sabiam o que faziam.

Não é a profecia sobre o gemido da criação que terá seu cumprimento nos novos céus e na nova terra, onde a justiça habita? Isso não envolve sua existência além do que chamamos de mundo? Por que não deveria envolver a imortalidade? Não seria mais como o Rei: eterno, imortal, invisível, não conhecedor de outra vida senão a imortal? Sem criar nada que pudesse morrer; nem destruir nada além do mal? "Ele não é Deus de mortos, mas de vivos, pois para ele todos vive" (Lc 20:38)

Todavia, no que consiste essa liberdade dos filhos de Deus pela qual toda a criação está esperando? Os próprios filhos esperam por ela: quando a tiverem, então sua casa e sua comitiva, a criação, cujo destino depende do dos filhos, a compartilharão com eles: o que constitui essa liberdade?

É claro que toda liberdade deve consistir na realização da harmonia ideal entre a vontade criativa e a vida criada; na correspondência do ser ativo da criatura à ideia do Criador. que é sua alma substancial. Em outras palavras, a liberdade da criatura é o que sua obediência à lei de sua existência, a vontade de seu Criador, efetua para ela. No instante em que uma alma se move contra a vontade de sua causa primária, o universo torna-se sua prisão; ela se choca contra suas paredes, e a mais doce de suas forças elevadoras e sustentadoras torna-se imediatamente algemas e cadeias. Contudo, Paulo não está pensando no momento, nem na noção metafísica de liberdade, nem em sua realização religiosa; ele tem em seu pensamento o nascimento da consciência de liberdade da alma.

"E não só isso" — que a criação geme e tem dores de parto — "mas nós mesmos, que temos os primeiros frutos do Espírito, gememos interiormente, esperando... a redenção do nosso corpo" (Romanos 8:22-23), não somos livres, ele sugere, até que nosso corpo seja redimido; então toda a criação será livre conosco. Ele considera a criação parte de nossa corporalidade. Toda a criação está esperando a manifestação dos filhos de Deus — isto é, a redenção de seus corpos, cuja ideia estende-se a todo o seu envoltório material, com toda a vida que lhe pertence. Por isso, como por eles, os laços da corrupção devem cair; deve entrar na mesma liberdade com eles, e ser aquilo para o que foi criado — um templo vital, aperfeiçoado pela habitação ininterrupta de sua divindade.

A liberdade aqui concebida, pode ser desnecessário dizer, não é aquela liberdade essencial — liberdade do pecado, mas a conclusão da redenção do espírito pela redenção do corpo, o aperfeiçoamento do maior por seu complemento necessário menor. O mal tem estado constantemente em ação, transformando nossa casa do corpo em uma prisão; tornando-o mais opaco, pesado e insensível; lançando sobre ele faixas e mortalhas, e enchendo-o de dores e sofrimentos. A alma mais livre, o mais puro dos que amam, o ser mais incapaz de qualquer coisa má, não iria, com toda a sua poderosa liberdade, ainda se sentir totalmente à vontade enquanto acorrentado a um corpo agonizante — não menos, porém ainda mais, limitado do que aquele seu corpo agonizante. Portanto, a redenção do corpo, que torna-o uma casa viva, genuína, perfeita e responsiva ao ser humano, é essencial para a noção do apóstolo da libertação de alguém. O novo ser humano deve ter um novo corpo com um novo céu e uma nova terra. Paulo nunca se considerou liberto do corpo; ele desejou um corpo perfeito e de tipo mais nobre; ele habitaria uma casa feita pelo céu e desistiria da feita na terra, adequada apenas para este estágio inferior da vida, infectado e inseguro desde o início, e agora muito dilapidado no serviço do Mestre, que tão facilmente poderia dar-lhe um melhor. Ele desejou um corpo espiritual — um corpo que não causasse impedimentos, mas que atendesse às necessidades e aspirações do espírito. Ele tinha em mente, eu presumo, um corpo tal como aquele com o qual o Senhor morreu, transformado pela interpenetração da vontade interior criativa em um corpo celestial, o corpo com o qual ele ressuscitou. Um corpo como o do Senhor é, imagino, necessário para nos colocar em contato verdadeiro e perfeito com a criação, da qual deve haver inúmeras fases que agora não podemos ter sequer consciência.

A maneira como as pessoas boas e indiferentes colocam a culpa em seus corpos e olham para a morte, em vez da luta auxiliada por Deus para libertá-los, parece-me baixa e covarde: trata-se do senhor fugindo do escravo, desprezando-o e temendo-o ao mesmo tempo. Devemos ter a supremacia sobre nossos corpos, mas não devemos desprezá-los; constituem uma coisa divina. Corpo e alma são à imagem de Deus; e o senhor da vida foi visto pela última vez no corpo glorificado de sua morte. Eu acredito que ele ainda usa aquele corpo. Porém estaremos melhor sem esses corpos que sofrem e envelhecem — que podem, de fato, como alguns pensam, ser apenas os invólucros externos, as cascas de nossos corpos reais. Infinitamente úteis como eles têm sido para nós, e que, em uma medida incalculável, por sua própria

A ESPERANÇA DO UNIVERSO

sujeição à inutilidade, certamente ainda não estamos de modo completo e único em companhia proveitosa, na medida que as casas em que vivemos tenham tantas manchas e máculas nelas, que a morte amigável, que seja, pode sozinha limpar — tantas feridas estragadas pelo tempo e autoengendradas que a mão do construtor, destruindo e reconstruindo com material novo e mais nobre, sozinha pode banir.

Quando, então, os filhos estiverem livres, quando seus corpos forem redimidos, eles elevarão, com eles, a criação inferior à sua liberdade. Paulo parece acreditar que a perfeição de sua espécie aguarda também os habitantes mais humildes de nosso mundo, seu advento se segue imediatamente à manifestação dos filhos de Deus: por nossa causa e por causa deles próprios, eles foram submetidos à inutilidade; por nossa causa e por causa deles próprios, eles serão restaurados e glorificados, isto é, elevados conosco.

A questão não interessa a você? Interessaria muito, se você tivesse agora o que um dia terá — um coração grande o suficiente para amar qualquer vida que Deus julgou conveniente criar. Se o Senhor não se importasse com o que pertence a seu Pai e lhe é inferior mais do que você se preocupa com o que pertence a seu Pai e é inferior a você, não estaria agora procurando por qualquer tipo de redenção.

Omiti em minhas citações a palavra *adoção*, usada nas versões traduzidas: não é uma tradução da palavra grega que a representa. É usada por Paulo como significando a mesma coisa que a frase "a redenção do corpo" —, um fato que coloca em questão a interpretação de pronto dada. Se olharmos para a importância do significado, nunca foi feita uma tradução falsa, isto é, a palavra usada em sua representação não trouxe perda total de sentido, nem substituiu a do apóstolo ou trouxe não apenas uma ideia inverídica, mas prejudicialmente ativa. O que Paulo intencionou dizer com a palavra usada não tem nada a ver com adoção —

absolutamente nada. No início do capítulo 4 de sua Epístola aos gálatas, ele deixa perfeitamente claro o que intencionava por ela. Sua palavra incomum significa o reconhecimento, pelo Pai, da relação do filho com ele, quando este atinge a maioridade, dando-lhe o seu lugar adequado de dignidade na casa; e aqui a libertação do corpo é o ato deste reconhecimento pelo grande Pai, completando, coroando e declarando a liberdade do ser humano, o aperfeiçoamento do último remanescente pendente de sua libertação. A palavra de Paulo, repito, nada tem a ver com adoção; significa a manifestação dos filhos crescidos de Deus; a exibição daqueles como filhos, que sempre foram suas crianças; trazê-los perante o universo em trajes tão apropriados e com tamanha afluência, que olhar para eles é ver o que são: os filhos da casa — a quem seu irmão mais velho empregou as palavras: "Eu disse: 'Vocês são deuses'" (João 10:34).

Se então os filhos gemem por dentro, procurando ser elevados, e os outros habitantes do mesmo mundo gemem e choram com eles, não serão também elevados? Eles também não têm um Criador fiel? Aquele que não deseja que assim seja deve realmente tratar-se de uma pessoa egoísta.

Parece então que, na expectativa do apóstolo, os novos céus e a nova terra onde habitam os filhos de Deus também serão habitados por animais bem-aventurados — inferiores, mas ressuscitados — ainda por ascender em desenvolvimento contínuo, eu acho.

Aqui, deixe-me voltar um pouco e dizer de maneira mais clara e contundente algo que já disse:

Quando o apóstolo fala de toda a criação, é possível que ele tenha dispensado de seus pensamentos os animais para considerar as árvores e as flores tomando parte no gemido e nas dores de parto do mundo dolorido e oprimido? Ou poderia ele, esquecendo-se de animais, árvores e flores, ter tencionado, pela criação que

A ESPERANÇA DO UNIVERSO

gemeu e sofreu, apenas a maior parte da terra, suas montanhas e vales, planícies, mares e rios, seu conjunto de coisas duras e moles, quentes e frias, úmidas e secas? Se pudesse, então essa porção, que menos se supõe sentir ou saber, é considerada, pelo apóstolo do amor, muito mais importante do que a porção que ama, geme e chora. Isso não é tudo, pois então ele atribui a faculdade sofredora dos excluídos, pelo menos a porção mais senciente, aos totalmente inferiores e menos sencientes e, com base nessa faculdade, constrói a visão de sua redenção! Então, se assim pudesse ser, como a suposta rapsódia de esperança emocionada do apóstolo poderia representar para nós mais do que uma mera baforada da mais falsa retórica, uma súplica especial sem finalidade, tão degradante para a arte quanto sem objetivo na natureza?

Eu gostaria muito de saber com clareza quais animais o apóstolo viu em suas viagens, ou ao redor de sua casa, quando tinha uma — a condição deles e a relação com seus superiores. De qualquer forma, eles eram com frequência criaturas sofredoras; e Paulo a cada hora tornava-se um homem que crescia em semelhança com o seu Criador e o deles; portanto, transbordante de simpatia. Talvez, enquanto ele escrevia, passou por sua mente uma onda de pena pelos animais que ele precisou matar em Éfeso.

Se o Senhor falou muito pouco sobre os animais, poderia ter-lhes feito mais do que dizer aos seres humanos que seu Pai cuidava deles? Ele despertou e continua despertando no coração das pessoas uma semente plantada por seu Pai. Ela cresce lentamente, mas já deu alguns frutos preciosos. O seu amado amigo são Francisco ajudou-o, e muitos outros tentaram e agora procuram ajudá-lo: quem lança a semente daquela que o Pai plantou está colaborando com o Filho. Nosso comportamento para com os animais e nossas palavras referentes a eles são sementes, boas ou más, no coração de nossos filhos. Ninguém pode afirmar até onde os animais não seriam capazes de crescer, mesmo aqui na antiga terra sob o antigo céu, caso fossem tratados de acordo com sua verdadeira posição em relação a nós. Eles são, em certo sentido muito real e divino, nossos parentes. Se eu os chamo de nossos familiares pobres, é para sugerir que os familiares pobres são com frequência mal usados. Parentes, pobres ou ricos, podem ser pessoas tão malcomportadas, autoconfiantes e desagradáveis que não é possível tratá-los como gostaríamos; mas nosso esforço deve consistir em desenvolver toda relação verdadeira. Aquele que tem preconceito contra um parente porque é pobre trata-se, ele próprio, de um parente malcriado, e ser malcriado é uma falta excludente para o tribunal dos países do alto. Lá, a pobreza é bem-vinda; a grosseria, inadmissível.

Aqueles que amam de forma egoísta certos animais para que também sejam amados por eles, mimando-os, como tantas mães fazem a seus filhos com resultados piores, traem esses animais aos seus inimigos.

Eles não amam os animais, apenas seus favoritos, e contribuem para que o resto do mundo não goste de animais. Deles são os cães que rosnam, latem e mordem de maneira inóspita, levando quem é indiferente aos animais à antipatia, e confirmando seu antagonismo ao hostil. Qualquer parlamento canino, reunido pelos interesses de sua espécie, condenaria esses cães a serem discretamente mordidos e seus amantes evitados. E, certamente, como os animais devem viver e crescer, esse amante constituiria um inimigo de qualquer animal individual, atrapalhando seu desenvolvimento moral e intelectual por meio de indulgência imprudente. Qualquer que seja a natureza do céu dos animais, esse animal não está no caminho correto para entrar nele. A educação do inferior está às portas do superior, e na verdadeira educação está a mais verdadeira bondade.

A ESPERANÇA DO UNIVERSO

Todavia, o que devo dizer daqueles que, para qualquer tipo de fim, submetem os animais à tortura? Dificilmente ouso confiar em mim para expressar meu julgamento quanto a essa conduta. "Nós somos investigadores; não fazemos isso por nós, mas pelos outros, pelos nossos semelhantes."

Quanto maior for o seu motivo para isso, maior será a culpa de sua injustiça. Devemos felicitar você por esse amor aos seus semelhantes, amor que o inspira a fazer mal aos mais fracos, aqueles que não têm ninguém para defendê-los de você? Devemos considerar digno alguém que, por causa de seu amigo, roubou outra pessoa fraca demais para se proteger e pobre demais para punir seu agressor? Pelo bem de seus filhos, você atacaria um mendigo? Nenhum bem real pode crescer no solo da injustiça.

Não consigo deixar de suspeitar, entretanto, que o desejo por conhecimento tem maior participação na grandeza do que o desejo por ajudar. Ai da ciência que sacrificará a lei da justiça, mas para contemplar uma lei de consequência! A árvore do conhecimento nunca revelará ao ser humano a árvore da vida. Não há nenhuma lei que diga: "Você entenderá"; mil leis clamam: "Você deve fazer o que é certo". Essas pessoas constituem uma lei para si próprias — e que lei! É a velha história: a ganância de saber lança fora a justiça, a misericórdia e a fé. Independentemente do benefício que se acredite ou não obter para as criaturas superiores, a injustiça para com as inferiores não é afetada de forma alguma. A justiça é imparcial, mas são certamente os mais fracos que mais precisam de justiça!

O trabalho é uma lei do universo, não um mal. A morte, ao menos, é uma lei deste mundo, não um mal. A tortura não é a lei de nenhum mundo, mas o inferno da invenção humana. Trabalho e morte são para o melhor bem daqueles que trabalham e morrem; são leis da vida. A tortura é, sem dúvida, anulada para o bem

A ESPERANÇA DO EVANGELHO

dos torturados, mas um dia queimará um verdadeiro inferno nos corações dos torturadores.

A tortura só pode ser infligida pelo superior. A ideia divina de superior é aquela a quem se exige o dever de proteger, ajudar e libertar: a nossa relação com os animais é a dos seus superiores na família, que exigem trabalho, talvez, mas são justos, prestativos, protetores. Conseguem os seres humanos imaginar um Pai que não ama nem governa seus inferiores, mas os usa como uma criança a seus brinquedos inanimados, despedaçando-os para saber o que tem dentro? Tais homens, chamados "da ciência" — que eles tenham dignidade com a plenitude de seu valor — anseiam por conhecer, como se a vida de uma pessoa residisse em conhecimento, como se fosse uma coisa vil ser inculto — tão vil que, em nome de acumular fatos desconhecidos, eles fazem bem em invadir a casa dos inocentes com tortura! Certamente eles não encontrarão o caminho do entendimento! Certamente existe uma sede louca por conhecimento, como uma sede louca por vinho ou por sangue! Aquele que ama o conhecimento mais genuinamente, esperará com mais paciência por ele até que possa ser obtido em justiça.

Preciso discutir a injustiça? Pode uma criatura senciente surgir sem direitos, sem reivindicação de bem-estar ou consideração por parte das outras criaturas que ela encontra, igualmente sem ação própria, presentes no espaço? Se alguém responder "Pelo que sei, pode", eu pergunto onde estão então os seus próprios direitos. Se outro ser não tiver nenhum, o seu deve estar em seu poder superior; e não virá um dia alguém mais forte do que você? Você não pode um dia estar no lugar de Nabote, com um Acabe levantando-se para ir à sua vinha para tomá-la? O homem rico pode vir espreitando atrás de sua cordeirinha, e o que você terá a dizer? Ele pode ser o mais forte e você o mais fraco! Mesmo que os direitos dos animais sejam muito menores que os nossos, não significa que sejam menos direitos! Eles têm pouco e nós temos muito; eles deveriam, portanto, ter menos e nós mais? Não devemos antes estar mais honradamente preocupados de que eles tenham o seu pouco ao máximo? Todo ganho de injustiça é uma perda para o mundo; pois a vida não consiste em extensão de dias nem em conforto corporal. A ganância da vida e o mal feito para protegê-la nunca produzirão nada além da mais terrível perda. Quanto ao conhecimento, deixe a justiça guiar sua busca e você conhecerá o quanto antes. Faça a vontade de Deus e conhecerá a Deus, e ele abrirá seus olhos para ver o próprio coração do conhecimento. Se você ganhar conhecimento forçando o seu caminho com violência será para perder a verdade. Você pode ferir o coração de Deus, mas não pode despedaçá-lo para encontrar a Verdade que ali entronizada.

Que tipo de pessoa seria essa que aceita a oferta de ser curada e mantida viva por meios que exigem a tortura de certos animais? Sentir-se-ia ela alguém nobre — caminhando pela terra com a sensação de que sua vida e bem-estar intencional foram formados e sustentados pelas agonias de outras vidas?

"Espero, senhor, que sua saúde esteja melhor do que antes."

"Obrigado. Estou maravilhosamente recuperado — na verdade, adquiri um novo sopro de vida. Meu organismo foi nutrido pelas agonias de vários cães e pelas dores de uma multidão de coelhos e porquinhos-da-índia, e estou ciente de uma mudança maravilhosa para melhor. Eles me deram suas vidas e eu lhes dei em troca dores piores do que as minhas. A barganha revelou-se bastante satisfatória! É verdade que a vida deles era deles, não minha; do mesmo modo, seus sofrimentos eram deles, não meus! Eles não podiam se defender; eles não tinham uma palavra a dizer, tão razoável era a troca. Pobres desgraçados! Eles não eram tão inteligentes, nem tão fortes, nem gostavam de conforto como eu! Se eles não podiam cuidar de si mesmos, eles deviam estar atentos a isso, não eu! Cada animal por si!"

Havia um certo sacerdote patriota que achava melhor matar um justo do que perecer uma nação inteira. Salvação preciosa que pode ser realizada pela injustiça! Porém, o justo então ensinou que o rico e o mendigo um dia devem trocar de lugar.

"Você quer comparar a vida de um cachorro com a vida de um ser humano?"

Não, mas quero comparar a tortura de um cachorro contra a vida prolongada de um ser capaz de torturá-lo. Que ganho inestimável o prolongamento dessa vida para a pessoa, seus amigos e país!

Que os animais não sofram tanto quanto deveríamos sob as mesmas exigências, espero e penso que seja verdade. Todavia, como há dores piores na cabeça e no rosto, a dor de dente passa a não ser nada?

Não são poucos os que agora se consideram benfeitores da humanidade, mas que um dia serão vistos com desaprovação sem que haja nenhum argumento para convencê-los de que são merecedores. Contudo, outro dia ainda chegará, quando eles mesmos tristemente desaprovarão seus próprios atos; pois não são pedras, mas seres humanos, e devem se arrepender. Que eles, no interesse da humanidade, deem suas próprias entranhas à faca, seu próprio cordão de prata para ser exposto, sua própria taça de ouro para ser observada palpitante, então adorarei a seus pés. Porém, devo admirar suas descobertas feitas às custas de um desconhecido — ou melhor, de um conhecido —, o pobre irmão dentro de seus portões?

Sua consciência não o incomoda? Cuidado para que a luz que está em seu interior não constitua trevas. Qualquer que seja o significado do julgamento, será suficiente para você nessa hora dizer: "Meu desejo ardente de saber como a vida operava nele

A ESPERANÇA DO UNIVERSO

empurrou-me através dos portões e das grades de sua casa viva"? Duvido que você dirá, em seu coração mais do que com a língua, "e eu fiz bem".

Para aqueles que esperam um mundo que está por vir, eu digo então, vamos prestar atenção em como nos comportamos com a criação que deve ocupar conosco o mundo vindouro.

Para aqueles cujos corações estão doloridos por essa criação, eu digo: o Senhor se preocupa com os seus e salvará o ser humano e os animais.

Este livro foi impresso pela Ipsis, em 2021, para a Thomas Nelson Brasil. O papel do miolo é pólen soft 80g/m².

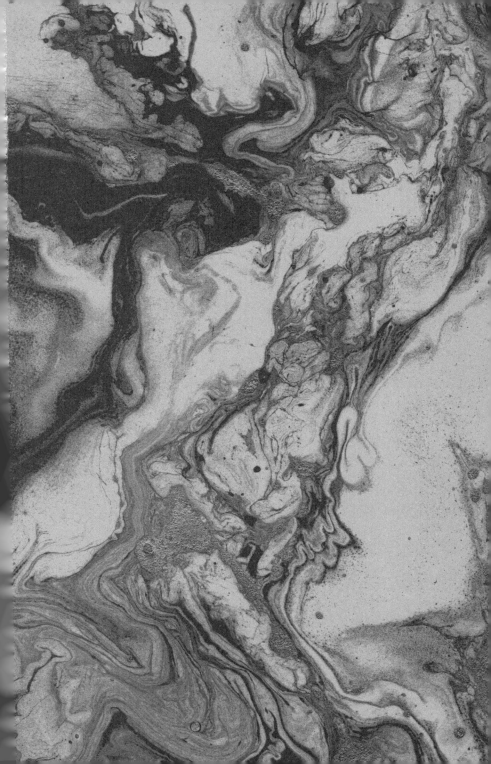

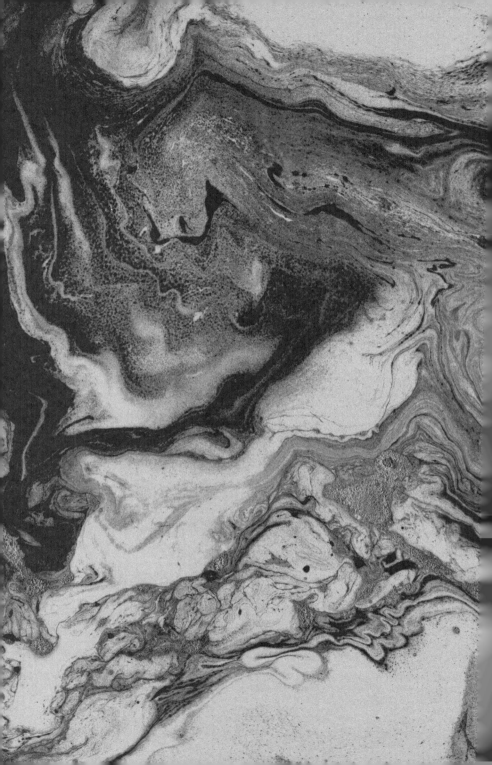